W0060034

ANTON MOSIMANN

Meisterkurs für Hobbyköche

Cuisine à la carte

Ein Schweizer Spitzenkoch – im Dorchester, London

Mit einem Vorwort von
WOLFRAM SIEBECK

WILHELM HEYNE VERLAG
MÜNCHEN

HEYNE KOCHBUCH
07/4487

Copyright © 1981 Anton Mosimann
Copyright © 1982 der deutschsprachigen Ausgabe
by SV international, Schweizer Verlagshaus AG, Zürich
Genehmigte Taschenbuchausgabe
Printed in Germany 1987
Umschlaggestaltung: Atelier Ingrid Schütz, München
Satz: Schaber, Wels
Druck und Bindung: Ebner Ulm

ISBN 3-453-00901-0

INHALT

Abkürzungen:

g = Gramm
kg = Kilogramm
l = Liter
dl = Deziliter

Alle Rezepte sind, wenn nicht anders angegeben, für 4 Personen berechnet.

Vorwort

Wer jemals das Glück hatte, im Dorchester Hotel in London die exzellente Küche Anton Mosimanns zu probieren, den wird es nicht überraschen, wenn ich bekenne, daß ich diesem großen Schweizer Küchenchef einige meiner schönsten kulinarischen Erinnerungen verdanke. Eines seiner Menüs war zudem das extravaganteste und das aufregendste meines Lebens: In dem kleinen, fensterlosen Raum neben seinem Office in der Dorchester Küche hatte Mosimann uns ein typisches Chef-Menü serviert: leicht, eher bescheiden als aufwendig, und sozusagen en passant gekocht — aber von absoluter Perfektion. Anschließend zeigte er mir einige der schönen Räume des Hotels, zuletzt den kleinen Salon auf dem Dach des Dorchester. Ich glaubte zu träumen: Ein so herrliches Speisezimmer hatte ich noch nie gesehen! Ein einziger Tisch für maximal 16 Personen stand dort in einem Ambiente der Prächtigkeit, das an die Dekorationslust eines Ludwig II. denken ließ. Verglichen damit erschien mir das Pariser Maxim's wie ein besseres Bistro. Dieser Raum, vor dessen Glastür auf dem Dachgarten Blumen wachsen und ein Springbrunnen plätschert, würde wahrscheinlich im Zuge der Umbauten abgerissen werden, erfuhr ich. Da stand für mich fest: vorher wollte ich hier einmal gegessen haben, koste es was es wolle! Zwei Monate brauchte ich, um ein Dutzend Freunde zusammenzutrommeln, denen die beschriebene Attraktion eine Blitzreise nach London wert war. Ich bestellte bei Anton Mosimann ein großes Menü, besprach die Auswahl der Weine, und wir einigten uns auf einen Samstag im August, pünktlich um 12.30 Uhr mittags. Am Morgen dieses Tages, gegen 7.30 Uhr auf dem Weg zum Flugplatz, begann auf der Autobahn der Motor meines Autos zu stottern, er setzte aus, sprang mühsam wieder an. Weitere Aussetzer und die Erkenntnis, daß ich den Flugplatz mit diesem Wagen nie erreichen würde, lösten bei mir die erste Panik aus. Mit viel Glück erreichte ich das Autobahnende und die ersten bewohnten, am Samstagmorgen menschenleeren Straßen. Der Motor blieb endgültig stehen. Ich schob das Auto an den Straßenrand. Nach einigen Minuten, die für mich wie Stunden waren, bog ein anderer Frühaufsteher um die Ecke, hielt an und fuhr mich zum nächsten Taxistand. Ich erreichte den Flugplatz gerade noch rechtzeitig.

Dort stellte ich fest, daß ich in der Aufregung, wahrscheinlich beim Schieben des Wagens, meinen in der Außentasche meiner Jacke steckenden Paß verloren hatte. Panik Nummer zwei überfiel mich. Die Polizei am Münchner Flugplatz lehnte unfreundlicherweise jegliche Unterstützung ab und verwies mich nach Frankfurt, wo die Maschine zwischenlanden würde. Dort gelang es mir tatsächlich in den wenigen Minuten, die mir zur Verfügung standen, so etwas wie eine polizeiliche Verlustbestätigung zu bekommen. Ob mich die Engländer damit jedoch in ihr Land ließen, schien den Frankfurter Beamten zweifelhaft. Die Vorstellung, den Tag in Heathrow verbringen zu müssen und mich bestenfalls telefonisch mit meinen Freunden auf dem Dach des Dorchester in Verbindung setzen zu können, bewirkte bei mir Panik Nummer drei.

Nun, der englische Zoll machte keine Schwierigkeiten; ich kam pünktlich zum Aperitif. Das Essen dauerte bis 18.00 Uhr und wir räumten nur widerstrebend das Feld — wie sich der zweite Direktor, Paul Grunder, noch heute vergnügt erinnert —, weil der Salon für den Abend von einer anderen Gesellschaft gemietet worden war. Das Essen war ein Feuerwerk an Köstlichkeiten, ein Fest für alle Sinne.

Ich möchte nun doch nicht versäumen, die einzelnen Speisenfolgen dieses einmaligen und denkwürdigen »Mittagessens« aufzuzählen, obwohl eine solche Aufzählung der Speisenfolge niemals Auskunft geben kann über die Delikatesse des Menüs:

Terrine Covent Garden

★

Essence de Bœuf en Surprise au Sherry

★

Rendez-Vous de Fruits de Mer à la Crème de Basilic

★

Suprême de Caille Poêlé aux Feuilles d'Or

★

Petit Artichaut Braisé au Vin Blanc

★

Carré d'Agneau Rôti à l'Anglaise
Gratin de Courgettes et Tomates Persillées

★

Mature Vert sur Paille (Stilton)

★

Entremets sur la Voiture

★

Café, Meilleurs Mignardises du Chef Pâtissier

Dazu tranken wir Weine, die vom leichten englischen Mül-
ler-Thurgau (Riesling × Sylvaner) bis zum uralten Portwein
reichten (zum Stilton) und, natürlich, Champagner. Es war,
mit einem Wort, der prächtigen Umgebung angemessen.
Nun mag die Prächtigkeit des Raumes (das Penthaus ist üb-
rigens nicht abgerissen worden!) noch so groß sein, ich hätte dieses Mittagessen gewiß nicht organisiert, wäre ich
nicht sicher gewesen, daß Anton Mosimann zu den besten
Köchen gehört, denen ein Gast in die Hände fallen kann.
Chefs seines Kalibers findet man normalerweise nicht in
großen Hotelküchen. Mosimann aber ist für diese schwieri-
ge Aufgabe mit einer Gabe ausgestattet, die selten gemeinsam auftritt mit der sensiblen Zunge und der schöpferi-
schen Fantasie, ohne die ein Küchenchef kein großer Koch
ist. Er dirigiert seine über 80 Mann starke Brigade wie

Georg Solti die Londoner Philharmoniker! Kleine Anmerkungen genügen ihm, freundliche Ratschläge, scheinbar nebenher gegeben, um den gewaltigen Apparat auf eine Art und Weise funktionieren zu lassen, die alles andere als alltäglich ist. Ich habe erlebt, wie das neue, elegante Terrace-Restaurant bis auf den letzten Platz besetzt war, desgleichen der Grill des Dorchester, wie in verschiedenen Salons kleinere Bankette serviert wurden, während gleichzeitig ein spektakulärer Maskenball mit H.R.H. Princess Margaret ablief, wofür weitere 350 Menüs gekocht und serviert wurden — und alles war perfekt, alles frisch und so delikat, daß es den Ansprüchen nicht nur höchster Kreise, sondern sogar denen der verwöhntesten Zungen genügte. Nerven scheint Anton Mosimann nicht zu haben. Jedenfalls habe ich ihn nie nervös erlebt und kann mir auch nicht vorstellen, daß ihn seine disziplinierte Ruhe verließe. Er kümmert sich um alles, ohne sich zu verzetteln, kein Problem überrascht ihn unvorbereitet, Entscheidungen trifft er präzise und ohne Zögern. Wenn er morgens als einer der ersten in der Küche erscheint, hat man den Eindruck, er käme aus den Ferien zurück und freue sich, endlich wieder einmal kochen zu dürfen. Das Geheimnis dieser für eine Küche mit einer 80-Mann-Brigade so wesentlichen Fähigkeiten liegt wohl in seinem Ehrgeiz, der, glücklicherweise, ein Ehrgeiz der freundlichen Art ist.

Der Erste hat er schon immer sein wollen. Ob er als Achtjähriger im elterlichen Gasthaus in der Schweiz kochte, oder ob er mit 23 Jahren auf der »Expo 70« in Osaka den Schweizer Pavillon als Chefkoch leitete: Er erreichte seine Ziele immer früher als andere. Um so wohltuender ist seine fast bescheidene Höflichkeit im Umgang mit seinen Mitarbeitern, um so anerkennenswerter die Mühe, die er sich immer wieder bei der Verbesserung von Kleinigkeiten macht, welche andere oft nicht einmal wahrnehmen.

Solche Zurückhaltung kommt nicht zuletzt dem Benutzer dieses Buches zugute; denn auch als Autor ist Anton Mosimann jemand, der seine Anweisungen mit Geduld gibt. Der renommierte Küchenchef trumpft hier keineswegs mit extravaganten Kunststücken auf, sondern beginnt behutsam mit der Herstellung der verschiedenen Grundsaucen, erklärt den Unterschied zwischen Schmoren und Dünsten und führt auf diese Art erfreulich unprätentiös zu den Rezepten der Großen Küche, so daß beim Lesen die Angst vor der Raffinesse gar nicht erst aufkommt. Anton Mosimanns diskrete Art der Belehrung läßt vergessen, daß hier ein detailbesessener Qualitätsfanatiker nicht weniger preisgibt als jene Rezepte, die das Dorchester Hotel in London zu einer der ersten Feinschmeckeradressen Englands gemacht haben.

Wolfram Siebeck

Beruflicher Werdegang von Anton Mosimann

Hotel Bären, Twann, 1962—64	Kochlehrling
Palace Hotel, Villars, 1964—65	Commis Entremetier
Cavalieri Hilton Hotel, Rom, 1965—66	Commis Saucier
Queen Elizabeth Hotel, Montreal, 1966—69	Chef Tournant, Chef Saucier, Sous Chef, 1er Sous Chef
Canadian Pavillon Expo 67, Montreal	Chef de froid/Sous Chef
Palace Hotel, Montreux, Sommer 69	Chef Tournant
Palace Hotel, St. Moritz, Winter 1969—70	1er Chef Tournant
Swiss Pavillon Expo 70, Osaka, 1970	Chef de Cuisine
Palace Hotel, Lausanne, 1970—71	Chef Entremetier
Palace Hotel, Luzern, Sommer 1971	Chef Garde-Manger
Kulm Hotel, St. Moritz, Winter 1971—72	Chef Restaurateur
Palace Hotel, Luzern, Sommer 1972	Chef Rotisseur
Kulm Hotel, St. Moritz, Winter 1972—73	Sous Chef
Palace Hotel, Luzern, Sommer 1973	Chef Saucier, Sous Chef
Kulm Hotel, St. Moritz, Winter 1973—74	Sous Chef
Palace Hotel, Luzern, Sommer 1974	Chef Saucier, Sous Chef
Palace Hotel, Gstaad, Winter 1974—75	Commis Patissier
Dorchester Hotel, London, Juni—Dezember 1975	1er Sous Chef
Dezember 1975—Oktober 1976	Chef des Cuisines
ab November 1976	Maître Chef des Cuisines

3 Kurse als Ausbildner für Lehrlinge
Grand Hotel, Stockholm, Schweden
Villa Lorraine, Brüssel, Belgien
Michel Guérard, Eugénie-Les-Bains, Frankreich
Les Frères Troisgros Restaurant, Roanne, Frankreich
Paul Bocuse Restaurant, Collonges au Mont-d'Or, Frankreich

Hotelfachschule, Luzern
Handelsdiplom
Fachkurs für das Hotel- und Restaurationsgewerbe
Diplom Chef de Cuisine
Jurymitglied bei internationalen Wettbewerben
Goldmedaillen an internationalen Wettbewerben

Einleitung

Der Koch, der seinen Beruf liebt

Der gute Koch liebt seinen Beruf und genießt seine Arbeit. Alle guten Köche haben das eine gemeinsam: Sie wollen und können etwas wirklich Erstklassiges schaffen. Zu keiner Zeit hat der Koch Gelegenheit gehabt, so aus dem Vollen zu schöpfen wie heute, wo ihm die herrlichsten Produkte aus aller Welt zur Verfügung stehen.

Als Kunst, Wissenschaft und Handfertigkeit hat sich das Kochen parallel mit der Gesellschaft entwickelt und verbessert. Blütezeit, Aufschwung, Verfeinerung des Geschmacks — und genügend Muße, ihm zu frönen —, Tourismus, all das hat zu unserer Freude an Speis und Trank beigetragen. Überdies macht es das moderne Transportwesen möglich, die feinsten frischen Produkte zu finden, das Rohmaterial, das die Grundlage des Küchenrepertoires bildet, wo wir auch sein mögen.

Diese Ausbeute — zu jeder Zeit das Beste an Gemüse, Fleisch und Fisch — bestimmt die individuellen Speisen und das Menü als Ganzes eines Kochs. Es ist meine feste Überzeugung, daß der Koch sich Zeit lassen muß — wenn möglich täglich —, das Angebot an frischen Nahrungsmitteln zu prüfen und dementsprechend einzukaufen.

Wenn ich durch die Marktstände wandere, stelle ich jedesmal fest, daß mich die vielen verlockenden Angebote schöpferisch und kompositorisch anregen.

Im Geist sehe ich die Muscheln schon in der Bratpfanne, zusammen mit aromatischem frischen Basilikum, und ich weiß, daß fünfzehn Sekunden in zischender Butter genügen, sie in eine Delikatesse zu verwandeln, und daß sie auf einem Bett pürierten jungen Lauchs dem verwöhntesten Gaumen munden werden.

Ich freue mich am Anblick der schönen, frischen, farbenfrohen Gemüse. Ihre verschiedenen Formen, Farben und Strukturen inspirierten mich, eine Terrine zu erfinden, der ich den Namen »Terrine Covent Garden« gegeben habe — zu Ehren des Marktes. Wenn ich vor Sonnenaufgang auf dem Fischmarkt Billingsgate umhergehe und die frischen Fische — Steinbutt, Heilbutt, Seezunge — und die Meeresfrüchte sehe, kann ich es kaum erwarten, wieder in der Küche zu sein und ein Gericht zuzubereiten, das ihrer Frische, ihres Aromas und ihrer Beschaffenheit würdig ist.

Das Einkaufen auf dem Markt hat auch einen sachlichen Vorteil: Man sieht, was man einkauft. Telefonische Bestellungen berauben den Koch dieses wesentlichen Faktors.

Nichtsdestoweniger ist es mit dem Einkauf des besten Rohmaterials noch nicht getan. Der Koch muß außerdem die folgenden Punkte bedenken:

- Die wirklich gute Küche erfordert unbedingte, fast heilige Ehrfurcht. Der Erfolg hängt von der Vollkommenheit der geringsten Einzelheit ab.
- Er prüft, kostet und prüft abermals, wie ein Komponist sein Thema auf der Tastatur anschlägt und es ausschmückt.
- Künstlerisches Arrangement und Präsentation der Speisen sind wesentlich. Aber Kompliziertheit ist der Feind guten Kochens; extravagante Entfaltung und übertriebene Garnituren sollten vermieden werden.
- Saucen müssen die vollkommen harmonische Begleitung der einzelnen Speisen sein. Der wahrhaft gute Koch ist an seinen Saucen zu erkennen.

Meines Erachtens ist es unbedingt notwendig, die traditionelle Küche immer wieder zu verfeinern, ein leichteres, natürlicheres Ergebnis zu erzielen. Ein wesentlicher Faktor dabei ist es, der Art und Dauer des Kochprozesses mehr Beachtung zu schenken als bisher.

Zum Beispiel sollten — abgesehen von püriertem Gemüse — die meisten Gemüsesorten (besonders grüne Bohnen, grüne Erbsen, Blumenkohl, Spargel) nach bewährter asiatischer Überlieferung zubereitet werden, das heißt, sie müssen »knackig« sein. Zerkochtes Gemüse verliert nicht nur Eigengeschmack, Form und Farbe, sondern auch den Vitamingehalt. Auch für Fisch gilt dieses Gesetz; ob gekocht, gedämpft, gebraten oder gegrillt, es sollte der genau richtige Punkt erreicht werden.

Was heißt kochen?

Im Grunde sind unter »kochen« all die verschiedenen Verfahren und Techniken zu verstehen, die man anwendet, um das Rohmaterial der Nahrung in gute, appetitliche Gerichte zu verwandeln.

Um erfolgreich zu kochen, genügt es nicht, begeistert, hingegeben und schöpferisch zu sein, sondern man muß auch die wissenschaftlichen, kulinarischen und praktischen Grundsätze und Methoden kennen. Ohne deswegen ein Pseudowissenschaftler zu werden, muß der Koch doch wissen, warum Nahrungsmittel so und so agieren und reagieren, mit andern Worten, er muß die grundlegenden Elemente der kulinarischen Kunst beherrschen.

- *Biologie:* Studium des Wesens und der Eigenschaften unserer Nahrungsmittel. Es läßt sich leichter kochen, wenn man die grundlegenden Elemente beherrscht, zum Beispiel ganz einfach weiß, warum Milch überkocht. Oder warum Salz wichtig ist, nicht nur als Gewürz, sondern auch zur Erhaltung des Chlorophylls im Blattgemüse.
- *Wirtschaftlichkeit:* Studium des Ursprungs der Lebensmittel, des Transports und Handels.
- *Physiologie:* Verdauungsprozeß und Geschmackssinn; Bedeutung der Ernährung für Gesunde und Kranke.

- *Psychologie:* Bestimmung der psychologischen Wirkung guter und schlechter Ernährung auf den einzelnen und die Menschen im allgemeinen.
- *Administration und Menschenführung im Betrieb:* Heutzutage untersteht dem Koch mitunter eine große Küche. Ohne Organisationsbegabung und ohne die Fähigkeit, aus Untergebenen das Beste herauszuholen, kann der Küchenchef seine Schöpferkraft nicht entfalten.
- *Ästetik:* Pflege des Schönheitssinns, Entwicklung des Gefühls für Form und Farbe in der Küche beeinflussen Auswahl, Zubereitung und Präsentation der Gerichte.

Der gute Koch ist sein Leben lang ein Lehrling. Er sollte viel und weit reisen, nicht nur im Heimatland, sondern auch Auslandsreisen machen, sofern es ihm Freizeit und Urlaub gestatten. Ich hatte das große Glück, in acht verschiedenen Ländern zu arbeiten und Gelegenheit, allenthalben Ideen, Anregungen und Kenntnisse zu sammeln. Das Reisen dient im allgemeinen dazu, Land und Leute kennenzulernen, der Koch aber nimmt auch die Möglichkeit wahr, sich über Eßgewohnheiten und ihren Ursprung zu unterrichten.

Wo immer man die Kunst des Kochens beherrschen will, überall muß man sich mit Theorie und Praxis gründlich vertraut machen. Kenntnis der Nahrungsmittelproduktion, guter Geschmacks- und Geruchssinn und schöpferische Begabung sind die wichtigsten Erfordernisse. Der Koch muß aber auch zu dem eigentlichen »Gönner« seiner Kunst eine Beziehung haben — zu seinem Gast. Heute steht immer mehr Menschen der Sinn danach, neue Gerichte zu erproben; da ist es wesentlich, daß jeder, der mit dem Gast in Berührung kommt, ein guter Verkäufer ist, der an das Werk des Meisters glaubt.

Sehr oft bietet sich mir Gelegenheit, selbst mit den Gästen zu sprechen und sie zu überreden, ein neues Gericht zu versuchen, vorausgesetzt, ich bin überzeugt, daß meine Empfehlung ihrem Geschmack entspricht. Andererseits bin ich dagegen, überlieferte alte Nationalgerichte, die meistens aus der Bauernküche stammen, im Lande selbst zu verändern; in England wären es beispielsweise *steak and kidney pudding* und *Irish stew*. Der gute Koch weiß, wann er zu erfinden, zu verbessern und wann er alles beim alten zu lassen hat!

Es ist wahr, daß Rohmaterial, das die Natur selbst liefert, das vollkommenste Nahrungsmittel ist. Meistens erfordert es allerdings einen Zubereitungsprozeß, der nach Art und Bedingungen verschieden ist und von den gesellschaftlichen Bräuchen der einzelnen Ländern abhängt. Den ursprünglichen Geschmack eines Nationalgerichts zu bewahren, das gehört zu den wichtigsten Grundsätzen der modernen Küche.

Der gute Koch sollte sich stets an die Maxime des berühmten Kochkünstlers Auguste Escoffier erinnern: »Die gute Küche zeichnet sich dadurch aus, daß die Dinge ihren Eigengeschmack haben.«

Wir wollen nun einen Blick hinter die Kulissen einer großen Küche werfen und sehen, wie hier der Alltag verläuft.

Sechs Uhr. Für die einen ist diese Morgenstunde der Anfang der stets anspruchsvollen (aber oft lohnenden) Arbeit, für die andern bedeutet sie das Ende der Schicht. Die Küche, der Kern des Hotels, erfordert den Dienst rund um die Uhr, was, wie man sich vorstellen kann, sorgsam durchdachte Organisation bedingt. Als Oberkoch und Chef des Küchenpersonals im Londoner Dorchester Hotel bin ich bestrebt, den Standard der Küche hochzuhalten und zu verbessern, wie es unsere Gäste erwarten. Das ist keine leichte Aufgabe, und sie wäre unmöglich zu bewältigen, wenn ich nicht von meiner achtzigköpfigen Küchenbrigade hundertprozentige Unterstützung hätte und die Zusammenarbeit nicht reibungslos verliefe.

Ich bin überzeugt, daß Mitarbeiter und Untergebene motiviert sein müssen. Deshalb ist es mir wichtig, täglich mit jedem Mitglied unserer Brigade ein paar Worte zu wechseln, jeden mit seinem Namen anzureden und, wenn der Anlaß gegeben ist, eine kulinarische Leistung zu loben. Nie verlange ich von einem andern etwas, das ich nicht selbst tun könnte (oder wollte). Es ist wichtig, daß im Küchendienst die richtige Person am richtigen Platz eingesetzt wird, denn Kochen erfordert bestimmte Fähigkeiten: Konzentrationsfähigkeit, ernsthaften Arbeitswillen, Takt und Verständnis.

Bei unserer täglichen Zusammenkunft um 9 Uhr 30 besprechen wir das Tagewerk, die Vorfälle des vergangenen Tages und Neuigkeiten auf unserem Gebiet. Die Einkäufe auf dem Fleisch-, Fisch- und Obstmarkt werden gemacht, und wir erhalten Besuch von Gastronomen wie Paul Bocuse, Michel Guérard, Roger Vergé und den Brüdern Troisgros, um nur ein paar zu nennen. Viele anregende Diskussionen schließen sich an diese Besuche an, und meine Brigade erfährt wieder einmal, wie faszinierend unser Beruf ist, in dem jeder Tag eine Entdeckung bringen kann.

Zur weiteren Anregung meiner Untergebenen halte ich wöchentlich »Schulstunden« ab, an denen jeder teilnehmen kann. Sie sind vor allem für diejenigen bestimmt, die vorhaben, im Ausland Erfahrungen zu sammeln. Bisher haben wir »Arbeitsferien« in Frankreich, Belgien, Deutschland und in der Schweiz organisiert. Auch Wettbewerbe und Ausstellungen bringen Leben in unsere Küche und regen das Interesse an, zumal wir in den letzten fünf Jahren bei internationalen Wettbewerben über dreißig Goldmedaillen gewonnen haben und im selben Zeitraum viermal als beste englische *commis rôtisseurs* preisgekrönt worden sind.

Wir führen Listen über die Vorlieben und Launen unserer prominenten Gäste, und ich sorge immer dafür, daß diese Listen dem diensthabenden Personal im entscheidenden Augenblick zur Verfügung stehen. Wir setzen unseren Stolz in den Standard unserer Küche und tun immer unser Bestes, allen Ansprüchen zu genügen.

Ein solches Leistungssoll kann nur erfüllt werden, wenn die Administration erstklassig ist. Anfragen nach Rezepten, Unterredungen, Abrechnungen und Zeitungsartikel, das ist nur ein kleiner Teil der Papierarbeit, die täglich erledigt werden muß. Da ich so viel wie möglich in der Küche arbeite, habe ich eine Sekretärin, Hilary Nightingale, die sich der Büroarbeit annimmt. Eine weitere Facette unserer täglichen Administration ist unser »Minicomputer«, eine Wandkarte, auf der farbige Stifte angeben, wer vom Personal zur Verfügung steht; grüne Stifte bedeuten zum Beispiel Krankenurlaub, gelbe Studienurlaub und so weiter. So kann ich mich voll und ganz dem Kochen und der Arbeit mit dem Küchenpersonal widmen, in dem Bewußtsein, daß in administrativer Hinsicht alles in Ordnung ist.

Vor allem darf man nie vergessen, daß unser Hauptziel ein begeisterter Gast ist, nicht bloß ein zufriedener, und das läßt sich nur mit tadelloser Organisation erreichen.

Anton Mosimann

Grundzubereitungsarten

Das Wort »*Kochen*« wird in der Küche sehr oft mißbraucht. Es gibt nur wenige Rohmaterialien, die gekocht werden. Ich sage immer: »Wer die Grundzubereitungsarten beherrscht, dem gehört die kulinarische Welt, denn sie sind das Einmaleins der Kochkunst!« Es spielt dann gar keine Rolle, ob er in London, New York, Tokio oder Bern etwas zubereitet, denn die Basis bleibt immer die gleiche.

Nur das Begreifen, Beherrschen und richtige Ausführen der Grundzubereitungsarten erlauben die einwandfreie Durchführung der Kochmethoden. Wer diese beherrscht, ist in der Lage, auch komplizierte Gerichte davon abzuleiten.

Blanchieren   (in Wasser)

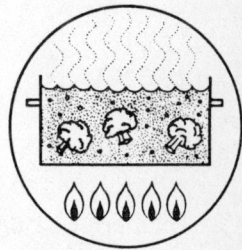

Blanchir

Kartoffeln
In heißem Wasser aufsetzen, auf den Siedepunkt bringen und auf einem Blech abkühlen lassen.

Gemüse
In heißem Wasser aufsetzen, auf den Siedepunkt bringen und abkühlen.
Grünes Gemüse, wenn es nicht sofort verwendet wird, mit kaltem Wasser abschrecken und abschütten, damit es die

Vitamine und die für das Blattgrün (Chlorophyll) wichtigen Mineralsalze behält.

Knochen
In kaltem Wasser aufsetzen, auf den Siedepunkt bringen und abkühlen.

Anmerkung
Beim Kaltansetzen öffnen sich die Poren = Geschmacksverlust.
Beim Heißansetzen schließen sich die Poren = Geschmack bleibt erhalten.

Blanchieren in Öl
In mittelheißem Öl vorbacken, zum Beispiel Fische, Fleisch, Gemüse, Kartoffeln usw. bei ca. 130° C.

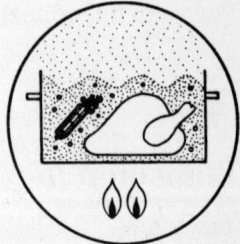

Pochieren

Pocher

Das Pochieren ist der schonendste Garprozeß. Die Speisen werden vorsichtig bei 65 bis 80°C in Flüssigkeit oder im Wasserbad gegart. Dabei unterscheiden wir:

Fische
die mit wenig Flüssigkeit auf dem Siedepunkt gegart werden;

Fische
die in Court-Bouillon pochiert werden;

Geflügel
das nach dem Blanchieren in weißem Geflügelfond gegart
wird.

In Flüssigkeit
z.B. Fonds, Bouillons, Court-Bouillons: Fische, Geflügel, In-
nereien, Eier usw.

Im Wasserbad
In Formen: Füllungen, Farcen, Eierstich, Gemüse, verschiedene Süßspeisen.

Sieden

Bouillir

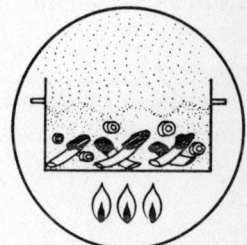

Unter »Sieden« versteht man eine Zubereitungsart zwischen
Pochieren und Kochen. Auf dem Siedepunkt mit 95°C bis
98°C ziehen lassen.

Fleischgerichte
Siedfleisch (Lamm, Kalb), Zunge usw. Mit Wasser oder Fond
heiß aufsetzen, eventuell zuerst blanchieren. Auf den Siedepunkt bringen und ziehen lassen. Nicht zudecken.
Klare Brühen, Gelée: Mit Wasser oder Fond kalt aufsetzen.

Anmerkung
Zur Erhaltung einer klaren Brühe und zur Verhinderung
der Eiweißausscheidung sollte das Gargut nie zugedeckt
werden.

Kochen

Cuire

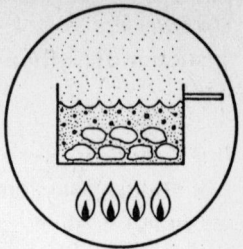

Wird hauptsächlich für Teigwaren, Reis und Trockengemüse angewendet.

Kartoffeln und Trockengemüse
Kalt aufsetzen und zudecken.

Teigwaren
Heiß aufsetzen, nicht zudecken.

Anmerkung
Teigwaren müssen in kochendem Salzwasser mit etwas Öl im Verhältnis 1 zu 10 »al dente« gekocht werden.

Dünsten

Cuire à la vapeur

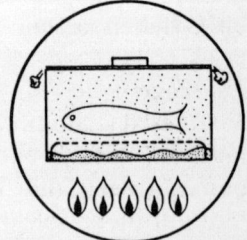

Diese Zubereitungsart wird mehr und mehr verwendet. Um Fischen, Krustentieren, Geflügel und Gemüse den Eigengeschmack zu erhalten, gibt es keine bessere Methode als das Dünsten. Es ist eine sehr schnelle Garmethode, die sich besonders für Fische, Krustentiere, Schlachtfleisch, Geflügel, Gemüse, Kartoffeln, Getreidearten, Süßspeisen usw. eignet.

Anmerkung
Bei dieser Zubereitungsart dürfen nur die allerfrischesten Rohmaterialien verwendet werden.

Fritieren

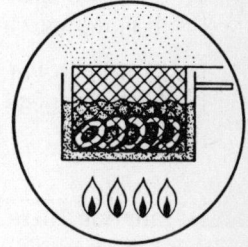

Frire

Durch Tauchen in Öl oder Fett garen.
Das Backgut sollte möglichst vorher blanchiert und anschließend bei ca. 170 bis 180°C ausgebacken werden.
Das Fritieren eignet sich besonders für Fisch, Fleisch, Geflügel, Gemüse, Kartoffeln und Süßspeisen.

Anmerkung
Man achte darauf, fallende Hitze zu vermeiden, da sonst das Backgut zuviel Fettstoff aufnimmt.
Kartoffelgerichte wie: Pommes chips, Gaufrettes, Dauphin usw. werden nicht blanchiert.

Sautieren

Sauter

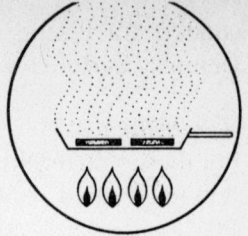

Es wird meistens für à-la-minute-Gerichte angewendet.
Für diese Zubereitungsart gibt es verschiedene Möglichkeiten:

1. In der Bratpfanne oder Sauteuse in heißem Fettstoff anbraten, wie z.B. geschnetzeltes Fleisch und Geflügel, Fisch-Goujons, Gemüse, Kartoffeln usw.

2. Im Sautoir in Fettstoff braten bei 170 bis 230°C, wie z.B. Entrecôtes, Steaks, Koteletts, Geflügelbrüste, kleine Fische usw.

Anmerkung
Stark fallende Hitze sollte bei der Zubereitung von Fleisch unbedingt vermieden werden, da dieses sonst Flüssigkeit zieht und dadurch hart und trocken wird.

Grillen

Griller

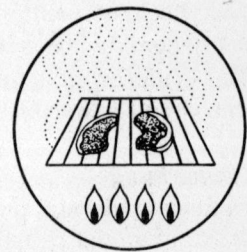

Das Grillen ist eine sehr bekömmliche Garmethode.
Das Grillgut nur leicht einölen. Folgendes ist zu beachten: Zu Beginn des Grillens sollte die Temperatur 220 bis 240°C, zum Fertiggrillen 150 bis 210°C betragen, dabei soll die stärkere Hitze die Poren schließen. Dünne Stücke erfordern starke Hitze, dicke Stücke schwache Hitze.
Das Grillen eignet sich sehr gut für kleinere und mittlere Fische, für Fleischstücke wie Entrecôte, Châteaubriand u.a., ebenfalls für Gemüse, Geflügel usw.

Überbacken

Gratiner

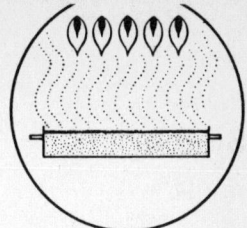

Überbacken oder Überkrusten im Backofen oder unter dem Salamander bei sehr starker Oberhitze (ca. 240 bis 280°C). Es eignet sich für Suppen, Fische, Fleisch, Geflügel, Gemüse, Kartoffeln, Teigwaren usw.

Anmerkung
Bei Rohprodukten mit poröser Struktur umfaßt das Überbacken den ganzen Garprozeß. Überbacken kann auch für bestimmte Süßspeisen verwendet werden, zum Beispiel zum Abflämmen.

Backen im Ofen

Cuire au four

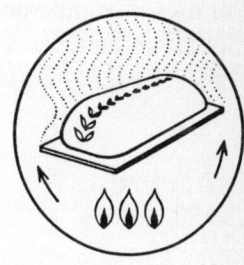

Es gibt verschiedene Arten:

1. auf dem Gitterrost bei 170 bis 240°C;
2. auf dem Blech bei 150 bis 240°C.

Im Ofen wird ohne Zugabe von Flüssigkeit oder Fett gegart oder in Formen gebacken.

Anmerkung
Diese Garmethode eignet sich speziell für Fleischgerichte wie Schinken im Teig, Filet Wellington usw., außerdem für Kartoffeln (baked potatoes), Teiggerichte, Süßspeisen, Gebäck.

Braten

Rotir

Im Ofen bei ca. 210 bis 250°C anbraten und anschließend bei 120 bis 200°C fertigbraten. Es sollte also bei starker Hitze angebraten und unter ständigem Arrosieren mit Fettstoff und absinkender Hitze gegart werden.

Diese Art eignet sich sehr gut für Schlachtfleisch, Geflügel, Wild, Fisch, Kartoffeln usw.

Am Spieß sollte bei 230 bis 280°C angebraten und bei 160 bis 220°C fertig gegart werden. Es ist das gleiche Prinzip wie beim Braten im Ofen, es wird jedoch eine allgemein größere Hitze benötigt.

Für diese Grundzubereitungsart eignet sich speziell dunkles Fleisch.

Braisieren

Braiser

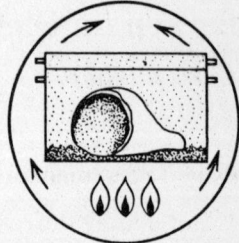

Dunkles Fleisch
Mit Deckel im Ofen.

Bei guter Hitze rasch anbraten, Mirepoix dazugeben, Fett entfernen, mit Wein oder Marinade ablöschen. Stark einkochen lassen, mit etwas braunem Fond bis ca. ein Viertel auffüllen. Dann wieder bis fast zur Glace einkochen. Wieder mit Fond wie vorher auffüllen. Das Ganze im Ofen zugedeckt weich braisieren. Von Zeit zu Zeit arrosieren und das Fleisch wenden. Den Fond passieren und reduzieren. Nochmals passieren und abschmecken. Eventuell mit Butter aufmontieren. Das Fleisch abgedeckt mit etwas Fond und Oberhitze unter ständigem Arrosieren glasieren.

Fisch und Gemüse
Mit Deckel im Ofen bei ca. 140 bis 160°C.
Bei schwacher Hitze andünsten, mit entsprechendem Fond wenig ablöschen und zudecken. Im Ofen unter zeitweiligem Arrosieren garen. Flüssigkeit nach und nach dazu geben.

Glacieren

Glacer

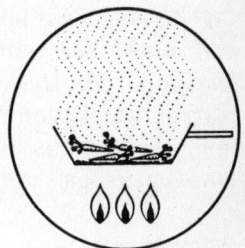

Für weißes Fleisch und Geflügel
Mit Deckel im Ofen.
Etwas weniger heiß anbraten als beim Braisieren: ca. 180°C.
Mit braunem Fond ein Sechstel des Bratgutes auffüllen und unter ständigem Arrosieren zugedeckt garen. Kurz vor dem Garpunkt den Deckel wegnehmen und das Gargut unter viel Oberhitze unter ständigem Arrosieren glasieren.

Anmerkung
Der braune Fond bildet sofort eine klebrige Kruste und verhütet dadurch das Auslaufen des Fleischsaftes.

Gemüse
Mit Deckel bei 150 bis 200°C unter Zugabe von etwas Zukker, Butter, Wasser oder Fond bei schwacher Hitze dünsten. Wenn die Flüssigkeit stark eingekocht ist, den Deckel entfernen, durch ständiges Rütteln überglänzen.

Anmerkung
Diese Zubereitungsart eignet sich besonders für zuckerhaltige Gemüse wie Karotten, Weißrüben, kleine Zwiebeln usw.

Poelieren
Poêler

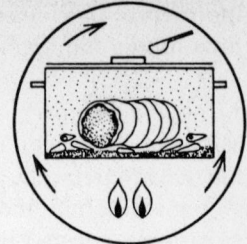

Mit Deckel im Ofen mit Mirepoix bei ca. 140 bis 210°C.
Im Ofen bei schwacher Hitze zugedeckt langsam im eigenen Saft unter zeitweiligem Arrosieren garen. Kurz vor dem Garpunkt den Deckel entfernen und Farbe nehmen lassen. Gargut herausnehmen. Das Bratengeschirr mit Weißwein ablöschen, etwas braunen Fond beigeben und reduzieren. Das Ganze passieren, abfetten und abschmecken.

Anmerkung
Diese Zubereitungsart eignet sich besonders für Geflügel und zarte Schlachtfleischstücke.

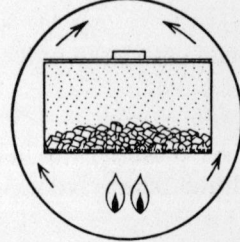

Dünsten
Etuver

Mit Deckel. Schwächere Stufe als Braisieren, das heißt 110 bis 130°C.
In Fettstoff ohne Flüssigkeit zugedeckt mit wenig Hitze dünsten. Die Flüssigkeit, die sich gebildet hat, reduzieren lassen. Je nach Gericht den Fond mitservieren.

Anmerkung
Besonders für Fische, kleinere Schlachtfleischstücke (Entrées), Gemüse, Früchte usw. geeignet.

Brühen, Farcen, Teige

Brühen

Fonds

Allgemeines
Um eine gute Sauce herstellen zu können, benötigt man unbedingt einen sorgfältig und mit viel Liebe gepflegten Fond. Um das bestmögliche aus den Knochen herauszuholen, sind diese stets klein zu hacken. Das Ablöschen der Knochen für braune Fonds sollte stets mit wenig Flüssigkeit geschehen, anschließend bis fast zur Glace reduzieren. Dieses Verfahren sollte drei- bis viermal wiederholt werden, dadurch erhält man einen kräftigen und farblich schönen und guten Fond.

Anmerkung
Sollte ein Fond trotz allem trübe werden, kann er wie folgt geklärt werden:

Das Klären mit Eiweiß
Leicht aufgeschlagenes Eiweiß mit etwas Schnee oder Eiswürfeln mischen und der Brühe beigeben. Unter ständigem Rühren zum Siedepunkt bringen. Das Eiweiß fängt die Trübstoffe ein, es bilden sich kleine Knollen, und der Fond wird zusehends klarer.

Das Klären mit Eis

Der warmen Brühe Schnee oder Eiswürfel beigeben, unter ständigem Rühren zum Siedepunkt bringen. Durch die Kälte ziehen sich die luftgesättigten Trübstoffe zusammen und werden daher schwer.

Weiße Geflügelbrühe

Fond blanc de volaille

Zutaten für etwa 1 l Geflügelbrühe

1 Suppenhuhn (blanchiert) · 50 g weißes
Bouquet garni (Zwiebeln, Weißes von Lauch,
Sellerie und Kräuter) · 2 l Wasser · Salz ·
Pfeffer aus der Mühle

Das Suppenhuhn in eine Kasserolle geben, mit kaltem Wasser auffüllen, aufkochen und abschäumen. Bouquet garni und Gewürze beigeben.
2 Stunden sorgfältig sieden lassen, indem man von Zeit zu Zeit abschäumt und entfettet.
Den Fond durch ein Tuch oder feines Sieb passieren und abschmecken.

Anmerkung

Das Suppenhuhn kann anschließend für verschiedene Gerichte in der kalten Küche verwendet werden.

Hummersalat mit grünen Spargeln ▶
Méli-mélo de homard aux pointes d'asperges
Rezept Seite 62

Braune Geflügelbrühe

Fond de volaille brun

Zutaten für etwa 1 l Geflügelbrühe

*1 kg klein zerhackte Geflügelknochen und Ab-
schnitte · 20 g Fettstoff · 50 g Mirepoix ·
50 g Tomaten in Würfel geschnitten · 3 dl Weißwein · 2 l Wasser · Salz · Pfeffer aus der Mühle*

Die Knochen und Abschnitte mit dem Fettstoff in einem
Sautoir im Ofen braun rösten.
Fettstoff entfernen, Mirepoix und Tomaten beigeben und
sorgfältig 4 bis 5 Minuten weiterrösten.
Zuerst mit dem Weißwein, dann mit 5 dl Wasser ablöschen
und einkochen lassen.
Nochmals mit dem gleichen Quantum auffüllen und bis zur
Glace reduzieren.
Die restliche Flüssigkeit beigeben und 2 Stunden langsam
sieden lassen, indem man von Zeit zu Zeit abschäumt und
entfettet.
Durch ein Tuch oder feines Sieb passieren und abschmek-
ken.

Anmerkung
Durch das wiederholte Einkochen erhält man einen kräftigen und farblich schönen Fond.

◄ Austernsalat mit Blattspinat à la Catherine
Salade aux huîtres Catherine
Rezept Seite 66

Weiße Kalbsbrühe

Fond blanc de veau

Zutaten für etwa 1 l Kalbsbrühe

*1 kg klein zerhackte Kalbsknochen ·
50 g weißes Bouquet garni · 2 l Wasser · Salz ·
Pfeffer aus der Mühle*

Die blanchierten Knochen kalt aufsetzen, aufkochen und
abschäumen.
Bouquet garni und Gewürze beigeben.
2 Stunden sieden lassen, indem man von Zeit zu Zeit abschäumt und entfettet.
Den Fond durch ein Tuch oder Sieb passieren und abschmecken.

Anmerkung
Anstelle von Kalbsknochen können auch Kalbsfüße und/
oder Kalbsabschnitte verwendet werden.

Braune Kalbsbrühe

Fond de veau brun

Zutaten für etwa 1 l Kalbsbrühe

*1 kg klein zerhackte Kalbsknochen und
Abschnitte · 20 g Fettstoff · 50 g Mirepoix ·
500 g Tomaten in Würfel geschnitten ·
1,5 l Fleischbrühe (Rezept Seite 40) · 1 l Wasser ·
Salz · Pfeffer aus der Mühle*

Die Knochen und Abschnitte mit dem Fettstoff in einem
Sautoir im Ofen braun anbraten.

Fettstoff entfernen, Mirepoix und Tomaten beigeben und sorgfältig 4 bis 5 Minuten weiterbraten.

Mit der Hälfte der Fleischbrühe ablöschen und einkochen lassen.

Mit der restlichen Fleischbrühe auffülen und nochmals bis zur Glace einkochen.

Das Wasser beigeben und 2 Stunden langsam sieden lassen, indem man von Zeit zu Zeit abschäumt und entfettet.

Durch ein Tuch oder feines Sieb passieren und abschmekken.

Lammbrühe

Fond d'agneau

Zutaten für 1 l Lammbrühe

*1 kg klein zerhackte Lammknochen · 2 l Wasser ·
50 g weißes Bouquet garni · einige Petersilienstengel · Salz · Pfeffer aus der Mühle*

Die blanchierten Knochen kalt aufsetzen, aufkochen und abschäumen.

Das Bouquet garni, Petersilienstengel und Gewürze beigeben. 1 Stunde sieden lassen, indem man von Zeit zu Zeit abschäumt und entfettet.

Den Fond durch ein Tuch passieren und abschmecken.

Anmerkung
Zusammen mit den Knochen können auch Lammfüße oder Lammabschnitte verwendet werden.

Fischbrühe

Fond de poisson

Zutaten für etwa 1 l Fleischbrühe

*1 kg zerkleinerte Fischgräten und Abschnitte
(gut gewaschen) · 50 g weiße Mirepoix
(Zwiebeln, Weißes von Lauch, Sellerie, Fenchel-
kraut, Dill) · 30 g Champignonabschnitte ·
0,2 dl Öl · 2 dl Weißwein · 1,2 dl Wasser · Salz ·
Pfeffer aus der Mühle*

Die Mirepoix mit den Champignonabschnitten in Fettstoff
dämpfen.
Die Fischgräten und Abschnitte beigeben, mit Weißwein und
Wasser auffüllen.
20 Minuten sieden lassen, indem man von Zeit zu Zeit ab-
schäumt und entfettet.
Durch ein Tuch oder feines Sieb passieren und mit Salz und
Pfeffer abschmecken.

Anmerkung
Zur Herstellung eines guten Fond de poisson sollte man nur
Gräten von frischen Fischen (Seezungen, Steinbutt usw.) ver-
wenden.

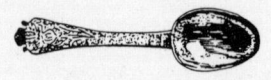

Muschelbrühe

Fond de moules

Zutaten für 1 l Muschelfond

*1,5 kg Miesmuscheln · 0,8 dl Wasser ·
0,8 dl Weißwein, trocken · 10 g feingehackte
Schalotte · 10 g Stangensellerie · etwas
Petersilienstengel · wenig Thymian · Pfeffer
aus der Mühle*

Die sauber abgekratzten und gut gewaschenen Muscheln mit Wasser, Wein, Schalotten und Selleriewürfel sowie Petersilie und Thymian in einem passenden Geschirr zum Kochen bringen, mit Pfeffer würzen.

Zugedeckt etwa 3 bis 4 Minuten kochen lassen, bis sich die Muscheln öffnen.

Die Muscheln mittels einer Schaumkelle aus dem Sud nehmen.

Für die Muscheln selbst gibt es verschiedene Verwendungsmöglichkeiten.

Den Sud 3 bis 4 Minuten abstehen lassen und anschließend durch ein feines Tuch passieren.

Anmerkung
Es ist sehr wichtig, daß der Sud sorgfältig passiert wird, damit kein Sand mehr darin zurückbleibt.

Sud zum Pochieren von Fischen und Krustentieren

Court-Bouillon

Zutaten für 2 l Wasser

*5 dl trockener Weißwein · 200 g Karotten, fein
geschnitten · 100 g weißer Lauch, fein geschnitten · 100 g Zwiebeln, fein geschnitten ·
50 g Sellerie, fein geschnitten · 1 Knoblauchzehe,
ungeschält · 5 Petersilienstengel · 1 kleiner
Thymianzweig · ½ Lorbeerblatt · 5 zerdrückte
weiße Pfefferkörner · 3 Korianderkörner · Salz*

Wasser und Weißwein zusammen zum Kochen bringen. Alle
übrigen Zutaten beigeben und 10 Minuten ziehen lassen.

Fleischextrakt

Glace de viande

10 l Fond de veau brun oder Fleischbrühe (Rezept Seite 40)
in passender Kasserolle auf kleinem Feuer eindünsten lassen. Während des Reduzierens die immer weniger werden-
de Flüssigkeit in kleinere Kasserollen geben. Es ist darauf zu
achten, daß der Rand der Kasserollen mit einer Spachtel immer sauber gehalten wird.

Anmerkung
Gleiche Extrakte können auch von Fisch, Geflügel, Wild
usw. hergestellt werden.

Wildbrühe

Fond de gibier

Zutaten für etwa 1 l Wildbrühe

*1 kg fein zerhackte Wildknochen und
Abschnitte · 20 g Fettstoff · 50 g Mirepoix ·
4 bis 5 Wacholderbeeren · 3 dl Weißwein ·
1 l Fond de veau brun (Rezept Seite 34) ·
1,5 l Wasser · Salz · Pfeffer aus der Mühle*

Die Knochen und Abschnitte mit dem Fettstoff in einem Sautoir sorgfältig braun anbraten.

Fettstoff entfernen, Mirepoix mit den Wacholderbeeren beigeben und vorsichtig 4 bis 5 Minuten weiterrösten.

Mit dem Weißwein ablöschen und einkochen lassen.

Mit dem Fond de veau auffüllen und nochmals bis zur Glace einkochen.

Die restliche Flüssigkeit beigeben und $1\frac{1}{2}$ Stunden langsam sieden lassen, indem man von Zeit zu Zeit abschäumt und entfettet.

Durch ein Tuch oder Sieb passieren und abschmecken.

Anmerkung
Durch das wiederholte Einkochen erhält man einen kräftigen und farblich schönen Fond.

Fleischbrühe

Bouillon de viande

Zutaten für etwa 1 l Bouillon

*1 kg zerhackte Rinderknochen · 200 g magere
Kuhfleischabschnitte · 50 g Bouquet garni ·
½ Röstzwiebel · 2 l Wasser ·Salz · Pfeffer aus
der Mühle*

Die gewässerten, wenn nötig blanchierten Knochen und das
Fleisch in kaltem Wasser in einer Kasserolle auf den Siedepunkt bringen und abschäumen.
Übrige Zutaten beigeben.
2 Stunden sieden lassen, indem man von Zeit zu Zeit abschäumt und entfettet.
Die Bouillon durch ein Tuch oder feines Sieb passieren und
abschmecken.

Anmerkung
Um der Bouillon eine schöne Farbe zu geben, werden die
gerösteten Zwiebeln mit der Schale verwendet.

Wildentenbrühe

Fond de canard sauvage

Zutaten für 1 l Wildentenbrühe

30 g feingehackter Brustspeck · 1 kg Wildenten-
karkassen · 50 g gehackte Schalotten · 50 g in
Würfel geschnittene Karotten · 20 g Stangen-
sellerie · 50 g Champignonabschnitte ·
1 Thymianzweig · 10 Wacholderbeeren ·
1 Gewürznelke · 20 g Tomaten, in Würfel ge-
schnitten · 10 g Petersilienabschnitte · 2 dl Rot-
wein · 1 l Wildbrühe (Rezept Seite 39) ·
0,1 dl Essig · Salz · Pfeffer aus der Mühle

Den feingehackten Brustspeck in passendem Geschirr Geschmack nehmen lassen.

Die kleingehackten Wildentenkarkassen beigeben und braun anbraten.

Das Bratenfett entfernen und die Schalotten, Karotten und Selleriewürfel sowie die Champignonabschnitte beigeben.

Etwas weiter anbraten, jedoch ohne Farbe zu nehmen.

Lorbeerblatt, Thymian, Wacholder, Gewürznelken und die Tomaten sowie die Petersilie beigeben.

In mittelheißem Ofen etwa 10 bis 15 Minuten vorsichtig anrösten.

Mit Essig und Rotwein ablöschen und ganz einkochen lassen.

Mit der Wildbrühe auffüllen, mit etwas Salz würzen und das Ganze etwa 1 Stunde sieden lassen, indem man von Zeit zu Zeit den Fond abschäumt.

Anschließend durch ein feines Sieb passieren, nochmals etwas einkochen lassen und mit Salz und Pfeffer abschmekken.

Gemüsebrühe

Fond de légumes

Zutaten für etwa 1 l Fond

30 g Fettstoff · 40 g Zwiebeln · 40 g Lauch ·
20 g Sellerieknollen · 30 g Kohl · 20 g Fenchel ·
30 g Tomaten · ½ Lorbeerblatt · ½ Nelke ·
1,5 l Wasser · Salz · Pfeffer aus der Mühle

Alle Gemüse feinblättrig schneiden.
Zwiebeln und Lauch in Fettstoff dämpfen.
Das übrige Gemüse beigeben und etwa 10 Minuten mit-
dämpfen.
Mit dem Wasser auffüllen und 20 Minuten sieden lassen.
Durch ein Tuch oder Sieb passieren und abschmecken.

Anmerkung
Dieser Fond wird hauptsächlich für Suppen und vegetari-
sche Gerichte verwendet.

Hechtmousseline

Mousseline de brochet

250 g Hechtfleisch, ohne Haut und von den
Gräten befreit · Salz · Pfeffer aus der Mühle ·
etwas Cayenne und Muskat · 3 dl Sahne

Das Hechtfleisch durch die feine Scheibe des Fleischwolfs
passieren.
Anschließend in einer Schüssel auf Eis stellen.
Mit Salz, Pfeffer und Muskat sowie Cayenne würzen.
Die Sahne mittels eines Holzlöffels darunterarbeiten.

Das Ganze durch ein Haarsieb streichen, abschmecken und kühl aufbewahren.

Anmerkung
Es ist sehr wichtig, daß die Sahne langsam und durch starkes Verarbeiten eingerührt wird, damit sie sich mit dem Hechtfleisch verbinden kann. Diese Mousseline kann für Quenelles (Klöße) verwendet werden, aber auch als Füllung, z.B. für Tronçon de turbot soufflé aux écrevisses usw. (Rezept Seite 110).

Geflügelmousseline

Mousseline de volaille

*150 g weißes Pouletfleisch, gut
pariert · 3,5 dl Sahne · Salz · Pfeffer aus
der Mühle*

Das gut parierte Fleisch durch die feine Scheibe des Fleischwolfs geben und anschließend durch ein feines Sieb passieren.
Dann in einer Schüssel auf Eis stellen.
Die Sahne unter ständigem Rühren nach und nach darunterziehen, so daß eine leichte, luftige Masse entsteht.
Mit Salz und Pfeffer würzen.

Wildfarce

Farce à gratin

Zutaten für 250 g Masse

*0,2 dl Erdnußöl · 10 g Butter · 200 g Fleisch
vom Federwild · 100 g Leber vom Federwild ·
5 g Schalotte, fein gehackt · 50 g Champignons,
gekocht und fein gehackt · 0,1 dl Cognac ·
0,1 dl Madeira · 0,2 dl Sahne · Salz · Pfeffer
aus der Mühle*

Das gewürzte Fleisch in Öl kurz ansautieren und abkühlen lassen.

Die abgeschmeckte Leber in Butter ansautieren und ebenfalls abkühlen lassen.

Wenn Fleisch und Leber abgekühlt sind, mit der sautierten Schalotte und den Champignons fein passieren.

Anschließend durch ein Haarsieb streichen. In einer Schüssel auf Eis das Ganze gut nach und nach mit der Sahne montieren.

Mit Cognac und Madeira verfeinern.

Mit Salz und Pfeffer abschmecken.

Anmerkung

Diese Farce wird hauptsächlich für Wildgeflügel auf einem Croûton angerichtet. Es ist empfehlenswert, das Croûton mit der Farce vor dem Servieren kurz unter dem Salamander zu glacieren.

Brioche-Teig

Pâte à brioche

Zutaten für 10 Personen

*250 g Mehl, gesiebt · 10 g Zucker ·
10 g Hefe · 150 g Butter · 3 Eier · 0,5 dl Milch ·
1 Prise Salz*

Die Hefe in lauwarmer Milch auflösen.

Mit etwas Mehl und der aufgelösten Hefe einen dünnen Vorteig herstellen.

Diesen 1 bis $1\frac{1}{2}$ Stunden an einem warmen Ort aufgehen lassen.

Inzwischen die Butter mit dem Zucker vermischen, weich rühren und die Eier und das Salz daruntergeben.

Aus dem restlichen Mehl und der Butter-Eier-Mischung eine Teigmasse herstellen.

Den Teig so lange bearbeiten, bis sich Luftblasen bilden.

Zum Schluß den Vorteig einkneten und die Masse an einem warmen Ort zugedeckt aufgehen lassen.

Die Masse nach dem Aufgehen kurz zusammenschlagen.

Die Formen mit der Masse $\frac{1}{3}$ hoch einfüllen.

Diese vor dem Backen nochmals an einem warmen Ort aufgehen lassen.

In einem nicht zu heißen Ofen etwa 25 Minuten goldgelb backen.

Anmerkung
Die Masse geht zum doppelten Volumen auf.

Geflügelfüllung

Farce de volaille

(Für Terrine Covent Garden)

80 g weißes Pouletfleisch (Brust ohne Haut) ·
2 dl Sahne · 75 g Brunnenkresse, von den
Stielen befreit · Salz · Pfeffer aus der Mühle

Das Pouletfleisch gut entnerven, fein passieren, anschließend durch ein Sieb streichen.

Das Pouletfleisch in einer Schüssel auf Eis stellen, gut durchkühlen lassen.

Dann die Sahne nach und nach unter das Pouletfleisch mischen, so daß eine leichte, luftige Farce entsteht.

Die Brunnenkresse mit wenig Fond blanc de volaille fein pürieren.

Ein Drittel der Farce mit dem Brunnenkressepüree vermischen. Beide Farcen mit Salz und Pfeffer abschmecken.

Geriebener Teig

Pâte brisée

220 g Mehl, gesiebt · 150 g Butter · 1 Ei ·
0,5 dl Milch · 15 g Salz

Mehl, Butter und Salz zusammen gut mit den Händen verreiben.

Das Ei und die kalte Milch dazugeben.

Alles zusammenkneten.

Den Teig vor Gebrauch 1 Stunde ruhen lassen.

Süßteig

Pâte sucrée

250 g Mehl, gesiebt · 2,5 g Backpulver ·
100 g Butter · 100 g Zucker · 2 Eigelb · etwas
Wasser · Saft von ½ Zitrone

Auf dem Walkbrett macht man in Mehl und Backpulver eine Vertiefung. Butter, Zucker, Eigelb, Wasser und Zitronensaft in die Mulde geben und zu einer zusammenhängenden
Masse verarbeiten. Man knetet die Mischung weiter, bis ein
glatter Teig entstanden ist. Die Arbeit sollte so schnell wie
möglich vonstatten gehen.
Dieser Teig eignet sich besonders für Kleingebäck.

Ravioliteig

Pâte à Ravioli

100 g Mehl, gesiebt · 30 g Grieß · 0,1 dl Öl ·
½ Ei · 0,5 dl Wasser · 2 g Salz

Mehl und Grieß zu einem Kranz formen.
Ei, Öl, Salz und Wasser in die Mitte geben.
Das Mehl nach und nach in die Mitte mischen.
Das Ganze zu einem glatten, festen Teig verarbeiten.

Anmerkung
Dieser Teig sollte vor Gebrauch 1 bis 2 Stunden ruhen.

Blätterteig

Pâte feuilletée

450 g Mehl · 2 dl Wasser · 15 g Salz ·
500 g Butter

Mit dem gesiebten Mehl, Wasser und Salz einen festen und gut durchgearbeiteten Vorteig zubereiten.

Diesen etwa 30 Minuten ruhen lassen.

Diesen Teig in ein Rechteck von ca. 2 cm Dicke ausrollen.

Die zweifingerdick flachgedrückte Butter in die Mitte geben, so daß die Teigenden den Längsseiten der Butter gegenüberliegen.

Dann werden die Teigenden über die Butter gelegt, so daß dieselbe richtig eingeschlagen ist.

Den Teig mit der eingeschlagenen Butter zu einem langgezogenen, wiederum 2 cm dicken Rechteck ausrollen.

Die beiden Teigenden werden gleichmäßig in die Mitte gelegt, so daß sie sich in der Mitte der Teigfläche berühren.

Dann legt man die beiden Teighälften übereinander, so daß die vorherige Mitte die seitliche Falte bildet.

Dann rollt man den mit Butter eingeschlagenen Teig zu einem Rechteck aus, legt ein Drittel dieses Teiges über das mittlere Drittel und bedeckt diese beiden Teile mit dem letzten Drittel, so daß der 2 bis 3 cm dick ausgerollte Teig in drei Schichten übereinander gelagert ist, dies nennt man eine einfache Tour.

Der Blätterteig erfordert vier doppelte oder sechs einfache Touren. Zwischen jeder Tour sollte der Teig 30 Minuten an einem kühlen Ort ruhen. Für Feuilletées gibt man zusätzlich eine doppelte oder eine einfache Tour dazu. Der Teig

Geräucherter Lachs mit Forellenmousse à la Dorchester ▶
Rosette de saumon fumé à la mousse de truite Dorchester
Rezept Seite 67

sollte vor Gebrauch mindestens 2 Stunden ruhen können, damit er bei der Verarbeitung regelmäßig aufgeht. Mit einem scharfen Messer schneidet man den Teig, der unbedingt fest sein muß, damit es einen glatten Schnitt gibt. Natürlich kann dies auch mittels eines Ausstechers geschehen.

Schnell zubereiteter Blätterteig

Wenn es die Not erfordert, kann man Blätterteig im Blitztempo herstellen. Die Zutaten sind dieselben.
Die eiskalte Butter wird in nußgroße Würfel geschnitten. Diese Butterwürfel mischt man mit dem Mehl und knetet beides mit Wasser und Salz zu einem Teig zusammen, wobei die Butterwürfel die Form behalten. Nach einer Pause von mindestens 5 Minuten muß man dem Teig vier doppelte Touren geben.

Anmerkung

Es ist empfehlenswert, sämtliche Blätterteigstücke, die zur Verarbeitung gebraucht werden, im Tiefkühler ruhen zu lassen. Es ist sogar zu empfehlen, zum Beispiel ein Feuilletée gefroren auf einem Stück Pergamentpapier aufs Blech zu geben und im Ofen zu backen. Der Teig verliert etwas Flüssigkeit, wodurch Dampf entsteht und Dampf wiederum macht den Blätterteig viel luftiger beim Ausbacken.

◄ Muschelsuppe Billy Bye
Billy Bye Soupe
Rezept Seite 89

Spinatnudeln

Nouilles aux epinards

200 g Mehl, gesiebt · 25 g Grieß · 0,1 dl Öl ·
1 Ei · 3,5 g Salz · 50 g Spinat, feinpüriert · evtl.
etwas Wasser

Das Mehl und den Grieß zu einem Kranz formen.
Die anderen Zutaten in die Mitte des Kranzes geben.
Das Mehl mit dem Grieß nach und nach in die Mitte mischen und alles zu einem sehr zähen, glatten Teig verarbeiten.
Diesen wenigstens 2 bis 3 Stunden in einem feuchten Tuch eingeschlagen kühl ruhen lassen.
Den Teig anschließend in fünf Stücke teilen und jedes Stück papierdünn auswellen.
Den ausgewellten Teig zusammenlegen und in etwa 6 bis 7 mm breite Streifen schneiden.
Diese Nudeln können frisch abgekocht oder getrocknet werden.

Anmerkung
Es ist darauf zu achten, daß die Nudeln immer »al dente« gekocht werden. Nach dem Abschütten kurz mit kaltem Wasser abschrecken, in Butter sautieren, abschmecken und sofort servieren.
Werden die Nudeln nicht sofort verwendet, kann man sie auf einem Brett ausgebreitet an einem luftigen Ort trocknen.

Saucen

Es sei an dieser Stelle wiederholt: Den guten Koch erkennt man an den Saucen. Im Orchester einer großen Küche ist die Sauce eine Solistin, denn gute Saucen sind die vollkommene Begleitung einzelner Speisen. Ja, Vielfalt der Saucen ist der grundlegende Reichtum einer guten Küche. Eine sorgfältig zubereitete Brühe bildet das Fundament einer feinen Sauce.

Heutzutage macht man die Saucen viel leichter, indem man kein Mehl nimmt. Durchs Einkochen der Brühe erhält man eine kräftige Sauce, die mit Sahne oder Butter gebunden wird. Man kann die Sauce mit einem Bindungsmittel verdicken oder im Mixer schlagen (so daß sie leicht wird). Die meisten Saucen werden *à la minute* zubereitet, das heißt im letzten Augenblick, und nur in der erforderlichen Menge.

Krebssauce

Sauce aux écrevisses

Zutaten für 1 l Krebssauce

*20 Flußkrebse · 60 g Butter · 15 g feingehackte
Schalotte · 1 dl trockener Weißwein ·
50 g Tomatenwürfel · etwas Estragon und
Thymian · 0,1 dl Fleischextrakt · 5 dl Fischbrühe · 2 dl Sahne · Salz · Cayennepfeffer ·
frischgemahlener Pfeffer*

Die geputzten Krebse werden 15 Sekunden lang in kochendem Wasser blanchiert und sofort herausgenommen. Man
dünstet die Schalotte in Butter, fügt die Krebse hinzu und
röstet sie an. Mit Weißwein ablöschen. Tomaten, Estragon
und Thymian hinzufügen und alles 2 Minuten lang kochen
lassen. Die Krebse herausnehmen, aufbrechen, die Eingeweide entfernen. Man zerstampft die Krebse und gibt sie
wieder dem Sud bei. Fleischextrakt und Fischbrühe kommen nun dazu, und man läßt alles 30 Minuten lang ziehen.
Durch ein Musselintuch passieren, die Sahne beigießen und
nochmals aufkochen lassen. Zum Schluß wird die Sauce gewürzt.

Hummersauce

Sauce de homard

*1 Hummer (250 bis 300 g) · 0,5 dl Olivenöl ·
50 g Mirepoix · 50 g Tomatenwürfel ·
0,5 dl Cognac · 1 dl Weißwein · 5 dl Fischbrühe ·
etwas frischer Dill und Estragon · etwas
Fleischextrakt · 50 g Butter · Salz · Pfeffer aus
der Mühle*

Der überbrühte Hummer wird halbiert und in Stücke zer-
teilt. Der Magen wird entfernt, der Rogen aufbewahrt. Die

Hummerstücke werden im Olivenöl auf allen Seiten (bis die Schale ganz rot ist) gebraten, wobei man einen Holzspatel benutzt. Mirepoix und Tomaten hinzufügen und weiterdünsten lassen. Mit Cognac flambieren und dann den Weißwein hinzufügen. Als letztes fügt man Fischbrühe und die gehackten Kräuter hinzu und läßt aufkochen. Die Hummerstücke werden herausgenommen und das Fleisch von der Schale gelöst. Die Hummerschalen zerstampft man möglichst fein und gibt sie in den Topf zurück. Ungefähr 30 Minuten bei geringer Hitze köcheln lassen. Nun wird der Fleischextrakt hinzugefügt, und man läßt die Brühe um ein Drittel einkochen. Zum Binden benutzt man den mit Butter vermischten Hummerrogen; dann die Sauce passieren und abschmecken.

Das Hummerfleisch kann vielfache Verwendung finden, zum Beispiel für ein kaltes Buffet.

Western-Sauce

Sauce Western

---

*5 g feingehackte Schalotte · 20 g Butter ·
100 g rohe Champignonscheibchen · 80 g kleine
rohe Morcheln (gründlich geputzt) · 50 g kleine
rohe Pfifferlinge (gründlich geputzt) ·
40 g blanchierte, geschälte, getrocknete Walnüsse · 0,3 dl Whisky · 0,5 dl Weißwein ·
4 dl brauner Kalbsfond · etwas feingehackter
Estragon · 50 g Butter (zum Binden) · Salz ·
frischgemahlener Pfeffer*

Man dünstet die Schalotte in 20 g Butter, fügt Champignons, Morcheln, Pfifferlinge und Walnüsse hinzu und läßt weiterdünsten. Mit Whisky und Weißwein ablöschen und ein wenig einkochen lassen. Den Kalbsfond hinzugießen und etwas reduzieren lassen. Estragon hinzufügen und mit Butter binden. Mit Salz und frischgemahlenem Pfeffer würzen.

Holländische Sauce

Sauce hollandaise

0,2 dl Essig · 10 g feingehackte Schalotte ·
2 bis 3 zerdrückte Pfefferkörner · 0,2 dl Wasser ·
3 Eigelb · 200 g geschmolzene und geklärte
Butter · etwas Zitronensaft · Salz · frisch-
gemahlener Pfeffer

In einer kleinen Pfanne werden Essig, Schalotte und die zer-
drückten Pfefferkörner fast vollständig eingekocht. Dann
fügt man das kalte Wasser und die Eigelb hinzu und läßt die
Mischung unter fortwährendem Schwingen im Wasserbad
zu einer dicken gebundenen Crème werden. Das Gefäß wird
an einen mäßig warmen Ort gestellt, wo man die geschmolzene Butter (55°C) unter weiterem Rühren ganz allmählich
hineinarbeitet. Sparsam mit Salz, Pfeffer und Zitronensaft
würzen. Zum Schluß durch ein Haarsieb streichen.

Anmerkung
Als Beigabe zu Spargeln, Artischocken und ähnlichem Ge-
müse sollte die Holländische Sauce mit Estragonessig und
Weißwein zubereitet werden.

Trüffelsauce

Sauce aux truffes

*2 dl Madeira · 1 dl Portwein · 0,5 dl Saft von
konservierten Trüffeln · 2 g feingehackte
Schalotte · 5 dl brauner Kalbsfond · 40 g Butter
(zum Binden) · Salz · frischgemahlener Pfeffer ·
etwas Trüffel*

Madeira, Portwein, Trüffelsaft und Schalotte werden fast bis
zur Glace eingekocht. Dann fügt man den braunen Kalbsfond hinzu und läßt einkochen, bis die erwünschte Konsistenz erreicht ist. Mit Butter binden, die feingehackten Trüffeln hinzufügen und würzen.

Rotweinsauce

Sauce marchand de vin

*100 g feingehackte Schalotten · 10 g Butter ·
2 ungeschälte Knoblauchzehen · 1 Thymianzweiglein · ¼ Lorbeerblatt · 5 g zerdrückte
Pfefferkörner · 4 dl Rotwein (Burgunder) ·
3 dl brauner Kalbsfond · 50 g Fleischextrakt ·
40 g Butter (zum Binden) · Salz · frischgemahlener Pfeffer*

Die feingehackten Schalotten in 10 g Butter dünsten, Knoblauch, Thymian, Lorbeerblatt und Pfefferkörner hinzufügen, dann mit Rotwein ablöschen und fast vollständig einkochen lassen. Zuerst den Kalbsfond zugießen, dann kommt
der Fleischextrakt dazu, und alles wird zur Hälfte eingekocht. Durch ein Haarsieb streichen und sorgfältig mit Butter binden. Mit Salz und Pfeffer abschmecken.

Wildsauce

Sauce de gibier

1 dl Madeira · 2 dl roter Portwein ·
1 dl Cognac · Thymian · Lorbeerblatt · etwas
Orangenschale · 10 Wacholderbeeren ·
4 dl Wildfond · 40 g Butter · 80 g Geflügel-
leberparfait mit Trüffeln (Rezept Seite 76) ·
1 dl Kalbsblut · 0,2 dl Sahne · Salz · frisch-
gemahlener Pfeffer

Madeira, Portwein und 0,5 dl Cognac werden zusammen
mit Thymian, Lorbeerblatt, Orangenschale und Wacholderbeeren erhitzt, flambiert und fast vollständig eingekocht.
Man löscht mit Wildfond ab und läßt ein wenig einkochen.
Mit einer Gabel mischt man Hühnerparfait mit weicher
Butter und Kalbsblut. Diese Mischung wird der Sauce allmählich vorsichtig beigefügt. Zum Schluß kommen der übrige Cognac und die Sahne dazu.
Durch ein feines Sieb seihen und mit Salz und Pfeffer würzen.
Diese Sauce darf nicht mehr aufkochen, nachdem sie mit
dem Kalbsblut gebunden worden ist.

Madeirasauce

Sauce madère

10 g feingehackte Schalotte · 10 g Butter ·
1 Thymianzweiglein · ¼ Lorbeerblatt ·
0,8 dl Madeira · 3 dl brauner Kalbsfond ·
20 g Fleischextrakt · 40 g Butter (zum Binden) ·
Salz · frischgemahlener Pfeffer

Die feingehackte Schalotte wird in 10 g Butter kurz gedünstet. Man fügt Thymian und Lorbeerblatt hinzu, löscht mit

Madeira ab und läßt fast vollständig einkochen. Der Kalbsfond und der Fleischextrakt kommen hinzu, und man läßt
die Sauce einkochen. Durch ein feines Sieb passieren und
mit der Butter aufmontieren. Mit Salz und Pfeffer würzen.

Currysauce

Sauce au curry

30 g feingehackte Zwiebel · 20 g Butter ·
30 g geschälter und in Stückchen geschnittener
Apfel · 30 g geschälte und in Stückchen ge-
schnittene Banane · 10 g Currypulver ·
2 g Currypaste · 1 dl Weißwein · 4 dl Hühner-
brühe · 20 g Mango-Chutney · 1 g Maismehl
(Maizena) · Salz · frischgemahlener schwarzer
Pfeffer · 0,4 dl Sahne · 40 g Erdnußbutter
(zum Binden)

Die feingehackte Zwiebel wird sorgfältig in 20 g Butter gedünstet, ohne daß sie die Farbe verändert. Apfel und Banane
nun mitdünsten, bis alle Flüssigkeit verdunstet ist. Man fügt
Currypulver und Currypaste hinzu, löscht mit Weißwein ab
und läßt zur Hälfte einkochen. Nun werden Hühnerbrühe
und Mango-Chutney beigegeben, außerdem Salz und Pfeffer. Etwa 20 bis 25 Minuten lang leise kochen lassen. Im Mixer pürieren und dann bis zur gewünschten Konsistenz einkochen lassen. Man verrührt die Sahne mit dem Maismehl,
fügt die Mischung der Sauce bei und bindet sie mit Erdnußbutter. Nochmals mit Salz und Pfeffer nach Geschmack
würzen.

Foyot-Sauce

Sauce Foyot

*1 dl Estragonessig · 20 g gehackte Schalotte ·
2 g zerdrückte Pfefferkörner · 1 dl Weißwein ·
3 Eigelb · 200 g geschmolzene und geklärte
Butter · Salz · frischgemahlener Pfeffer ·
ein paar gehackte Estragonblätter*

Man läßt den Essig mitsamt Schalotte und Pfefferkörnern
ein wenig einkochen. Dann wird im Wasserbad unter Hin-
zufügung von Weißwein und Eigelb unter ständigem Rühren bei gelinder Hitze eine dicke gebundene Sauce hergestellt. Zum Schluß rührt man allmählich die geschmolzene
Butter hinein, wobei die Kochhitze vermindert wird. Sparsam mit Salz und Pfeffer würzen. Durch ein Musselintuch
seihen und den gehackten Estragon beifügen. Die Sauciere
darf nicht zu heiß sein, sonst gerinnt die Sauce.

Pistazienbutter

Beurre de pistache

*80 g Butter · 30 g blanchierte, geschälte
Pistaziennüsse · 0,2 dl Kirschwasser ·
0,3 dl Sahne · ein wenig Bittermandelessenz ·
Salz · frischgemahlener Pfeffer*

Die Butter wird leicht schaumig gerührt, der Kirsch mit den
Pistaziennüssen püriert. Man mischt alle Teile, auch die
Sahne und würzt dabei mit Bittermandelessenz, Salz und
Butter.
Pistazienbutter muß weich bleiben, sie darf nicht zu fest
werden.

Basilikumbutter

Beurre de basilic

100 g Butter · 10 g Basilikum ohne Stiel ·
Salz · frischgemahlener Pfeffer · etwas
Zitronensaft

Man mischt die Butter mit dem feingehackten Basilikum
und würzt mit Salz und Pfeffer. Zum Schluß kommt der Zitronensaft hinzu.
Diese Butter kann im Kühlschrank aufbewahrt und zum
Binden verschiedener Saucen verwendet werden.

Krebsbutter

Beurre d'écrevisses

100 g Krebsbutter, zerstoßen · 150 g Butter ·
Salz · frischgemahlener Pfeffer · etwas
Cognac

Krebsschalen und Butter werden zu einem Brei verrührt.
Unter beständigem Rühren wird die Masse auf gelindem
Feuer erhitzt, bis die Butter geklärt ist. Mit Wasser auffüllen
und an einen kühlen Ort stellen. In einigen Stunden ist die
Butter vom Wasser geschieden und kann leicht herausgenommen werden. Man läßt sie noch einmal aufkochen und
würzt mit Salz und Pfeffer. Den Cognac beifügen und alles
durch ein Musselintuch passieren.

Anmerkung
Auf gleiche Weise wird Hummerbutter hergestellt. Statt der
Krebsschalen nimmt man Hummerschalen, die so rot wie
möglich sein sollten.

Gedünstete Tomatenwürfel

Tomates concassées

*1 kg reife Tomaten · 20 g feingehackte
Schalotte · 2 ungeschälte Knoblauchzehen ·
0,1 dl Olivenöl · etwas Oregano und Thymian ·
Salz · frischgemahlener Pfeffer*

Die Tomaten (ohne das Grün) werden 12 Sekunden lang in
heißem Wasser blanchiert. Dann schält man sie, nimmt die
Körner heraus und zerschneidet die Tomaten in kleine Stük-
ke. Schalotte und Knoblauch werden im Öl gedünstet, ohne daß sie die Farbe verändern. Tomaten und Kräuter hinzufügen und mit Salz und Pfeffer würzen. Man deckt die
Kasserolle zu und dämpft die Tomaten sorgsam 25 Minuten
lang, bis sie gar sind und alle Flüssigkeit verdunstet ist.
Wenn man will, kann man die Knoblauchzehen entfernen.
Mit Salz und Pfeffer abschmecken.
Um ein Püree zu erhalten, kann man die Tomates concassées durch ein feines Sieb passieren.

Vorspeisen

Hors d'œuvres

Unter dem Hors d'œuvre versteht man die kleine appetitanregende Vorspeise, die einem Mahl von mehreren Gängen vorausgeht. Es bietet sozusagen einen Vorgeschmack auf das Kommende. Wenn es diesem Zweck dient, muß es einen markanten Gegensatz zu den folgenden Speisen bilden. Auf keinen Fall darf es sättigen, darum muß es leicht, pikant und farbenfreudig arrangiert sein. Der Koch soll bestrebt sein, dem Auge etwas Hübsches zu bieten, aber alles, was auf dem Teller ist, muß eßbar sein und zusammenpassen. Ungenießbare Garnituren kommen nicht in Frage. Schmackhaftigkeit und Einfachheit sind wesentlich. Im Stil der Vorspeise kommt die Persönlichkeit des Kochs zum Ausdruck.

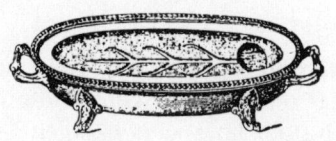

Hummersalat mit grünen Spargeln

Méli-mélo de homard aux pointes d'asperges

(Abb. Seite 32)

Sud

1 l Wasser · 3 dl trockener Weißwein ·
12 gestoßene Pfefferkörner · etwas Thymian ·
¼ Lorbeerblatt · 50 g in kleine Stücke ge-
schnittene Zwiebel · 40 g in kleine Stücke
geschnittene Karotte · Salz · frischgemahlener
Pfeffer

Hummersalat

1½ l Sud · 2 kleine Hummer (je 250 g) ·
200 g grüne Bohnen · 50 g frische Steinpilze ·
50 g frische Pfifferlinge (Eierschwämme) ·
0,1 dl Olivenöl · 8 grüne Spargelspitzen ·
Salz · frischgemahlener Pfeffer · 1 Kopfsalat,
gewaschen und trockengeschleudert · 2 Köpfe
roter Brüsseler (Chicorino) · 1 Lattichsalat ·
4 Trüffelscheiben · 16 Basilikumblätter

Sauce vinaigrette

1 dl Haselnußöl · 0,2 dl Sherryessig · 5 g feinge-
hackte Schalotte · Salz · frischgemahlener
Pfeffer

Für den Sud werden Wasser und Wein zum Kochen gebracht. Dann fügt man die übrigen Zutaten hinzu und läßt
die Brühe 10 Minuten lang ziehen. Nach Geschmack würzen.

Die Hummer in die Brühe geben und 5 Minuten lang ziehen
lassen. Dann nimmt man sie heraus und hält sie warm.

Die Bohnen werden gewaschen, knackig gegart und sofort
in kaltes Wasser gelegt.

Die geputzten Pilze werden im Olivenöl geschmort und lauwarm gehalten.

Die Spargelspitzen kocht man, ohne daß sie ausgelaugt werden, und würzt sie.

Die sauber geputzten, trockenen Salate werden auf einem Teller arrangiert. Bohnen, Spargelspitzen und Pilze legt man ringsum.

Das von der Schale befreite Hummerfleisch wird in kleine Stücke geschnitten und auf den Salatblättern arrangiert.

Für die Vinaigrette werden alle Zutaten gemischt. Der Salat wird mit der Vinaigrette besprenkelt und mit Trüffelscheiben garniert. Zum Schluß wird er mit den Basilikumblättern belegt.

Wichtig ist, daß Hummer, Pilze, Bohnen und Spargelspitzen immer noch lauwarm sind, wenn der Salatteller aufgetragen wird.

Avocadosalat mit Tomaten

Salade d'avocats

4 Avocadohälften, in dünne Scheiben geschnitten · 150 g geschälte, in Würfel geschnittene Tomaten · 200 g rohe Champignons, in dünne Scheiben geschnitten · 150 g grüner Salat (Kopfsalat, Frisée) · Salz · Zitronensaft · feingehackte Kräuter · Vinaigrette

Avocadoscheiben, Tomatenwürfel, Pilze und Salat werden nach Geschmack gewürzt und auf dem Teller hübsch arrangiert. Dazu reicht man die folgende Vinaigrette:

Man mischt 20 g Dijon-Senf, 0,5 dl Rotweinessig, 1,5 dl Walnußöl, Salz, Zitronensaft und feingehackte Kräuter (nach Saison, doch am besten eignen sich Basilikum, Kerbel und Schnittlauch).

Artischockensalat mit Wachteln

Salade d'artichauts aux cailles

2 Wachteln · 20 g Butter · Salz · frischge-
mahlener Pfeffer · 6 Wacholderbeeren ·
2 dl Geflügelfond · 2 Artischockenböden
(Rezept Seite 186) · 60 g rohe Gänseleber, in
Scheiben geschnitten · 60 g rohe kleine Stein-
pilze, in Scheiben geschnitten · 16 Weintrauben,
geschält und entkernt · 4 Walnüsse, geschält
und geviertelt · Vinaigrette · etwas Kerbel

Die gerupften, abgesengten, ausgenommenen, gewürzten
und bardierten Wachteln werden mit den Wacholderbeeren
in Butter rosé gebraten. Der Speck wird in den letzten 5 Mi-
nuten abgenommen, damit die Brust Farbe bekommt. Das
Fett abgießen. Brüste und Schenkel in Scheiben schneiden.
Die Fleischstücke werden im Geflügelfond gar gekocht.
Die gargekochten Artischockenböden schneidet man in
8 Stücke.
Die gewürzten Gäseleberscheiben werden ohne Fett in ei-
ner heißen Pfanne rosa gebraten.
Wachtelfleisch, Gänseleber, Pilze, Weintrauben und Walnüs-
se werden mit der Vinaigrette gemischt.
Nach Geschmack würzen, hübsch anrichten und mit dem
Kerbelkraut garnieren.

Gänselebersalat mit Pilzen

Salade de foie gras moderne
.

*160 g rohe Gänseleber · 150 g kleine Pfifferlinge
(Eierschwämme) · 100 g kleine Champignons ·
0,2 dl Olivenöl · Vinaigrette · 20 g Brunnenkresse · 12 frische Salatblätter · 80 g zarte
grüne Bohnen, blanchiert · Salz · frischgemahlener Pfeffer*

Vinaigrette

*10 g Schalotte, fein gehackt · 0,5 dl Rotwein-
essig · 1 dl Walnußöl · 1 g Knoblauch, gehackt ·
etwas Zitronensaft · Salz · Pfeffer*

Mit einem scharfen Messer wird die Gänseleber präpariert
(siehe Seite 74) und in Würfel von ungefähr $1\frac{1}{2}$ cm Seiten-
länge geschnitten. Ohne Fett in einer heißen Pfanne rasch
anbraten.
Die Pilze werden im Olivenöl einige Minuten lang gedünstet.
Die noch warme Gänseleber mit Pilzen, Brunnenkresse und
der Vinaigrette mischen. Nach Geschmack würzen.
Die Salatblätter und die gut blanchierten Bohnen werden
sorgfältig auf dem Teller arrangiert und mit etwas Vinaigrette besprenkelt. Darauf ordnet man Gänseleber, Pilze
und Brunnenkresse an.
Die Vinaigrette bereitet man folgendermaßen zu:
Der Rotweinessig wird mit der Schalotte auf die Hälfte eingekocht. Nach dem Abkühlen mischt man allmählich das
Walnußöl hinein und fügt den Knoblauch hinzu. Mit Zitronensaft, Salz und Pfeffer würzen.
Es ist wichtig, daß Gänseleber und Pilze in der letzten Minute gebraten werden, denn sie sollen warm auf den Tisch
kommen.

Austernsalat mit Blattspinat
à la Catherine

Salade aux huîtres Catherine
(Abb. Seite 33)

*24 mittelgroße Austern · 0,5 dl trockener
Weißwein · 2 g feingehackte Schalotte ·
2 mittelgroße Zucchetti · 2 mittelgroße
Karotten · 1 Prise Zucker · 80 g junger Spinat,
blanchiert · Salz · frischgemahlener Pfeffer ·
Vinaigrette · feingehackter Schnittlauch*

Man putzt die Austern unter fließendem Wasser, öffnet sie, nimmt sie mit einem Messer aus der Schale und entfernt den Bart.

Man kocht den Weißwein um die Hälfte ein und gibt die Austern dazu. Schnell aufkochen lassen, die Austern auf Eis stellen und im Fond abkühlen lassen. Die Austern auf einen Teller legen, den Fond nochmals einkochen.

Die Zucchetti werden mit einem Apfelstecher ausgehöhlt, schnell in Salzwasser aufgekocht und zum Abkühlen weggestellt.

Die Karotten kocht man in Salzwasser mit einer Prise Zucker knackig und läßt sie im Fond abkühlen.

Die Zucchetti werden mit den zurechtgeschnittenen Karotten gefüllt und dann in Scheiben geschnitten.

Den blanchierten Blattspinat auf dem Teller anrichten, die mit Vinaigrette besprenkelten Austern darauf arrangieren und mit Schnittlauch bestreuen. Mit den Zucchetti garnieren.

Die Vinaigrette wird folgendermaßen zubereitet:

Unter fortwährendem Rühren mischt man 2 g Dijon-Senf, 0,5 dl Kirschessig, 1 dl Olivenöl, die eingekochte (abgekühlte) Austernbrühe und würzt nach Geschmack mit Salz und frischgemahlenem Pfeffer.

Wichtig ist, daß Zucchetti und Karotten im eigenen Blanchierwasser abkühlen, und daß die Austern nur gerade zum Kochen gebracht werden, da sie sonst ihr Aroma verlieren.

Geräucherter Lachs mit Forellenmousse à la Dorchester

Rosette de saumon fumé
à la mousse de truite Dorchester
(Abb. Seite 48)

8 dünngeschnittene Räucherlachsscheiben ·
120 g geräucherte Forellenfilets · 2 Blatt
Gelatine, in kaltem Wasser eingeweicht und in
0,2 dl warmem Wasser aufgelöst · 2 dl Sahne ·
0,2 dl Sherry · 0,1 dl Cognac · feinge-
riebener frischer Meerrettich · Salz · frisch-
gemahlener Pfeffer

Garnitur

4 Kopfsalatblätter · 4 rote Brüsselerblätter ·
4 halbe Gurkenscheiben · 4 hartgekochte
Eierscheiben · 4 Tomatenscheiben · 4 Trüffel-
scheiben · 4 Petersilienzweiglein

Die Räucherlachsscheiben — je zwei — werden in eine klei-
ne Glasschale gelegt und in den Kühlschrank gestellt.
Die Forellenfilets werden püriert und mit der aufgelösten
Gelatine vermischt. Man zieht die Sahne sorgfältig darunter,
fügt Sherry und Cognac hinzu und würzt die Paste nach
Geschmack mit feingeriebenem Meerrettich, Salz und Pfef-
fer.
Man füllt diese Crème in die Glasschalen und faltet die
Lachsstreifen darüber. Die Glasschalen bleiben eine halbe
Stunde im Kühlschrank. Dann stürzt man sie auf einen Tel-
ler, der mit den roten und grünen Salatblättern ausgelegt
ist. Die Teller werden zum Schluß einzeln garniert.

Anmerkung
Man kann die Räucherforelle durch geräucherten Lachs er-
setzen. Zu dieser Vorspeise reicht man Schwarzbrot.

Marinierter Salm

Saumon d'Ecosse mariné

Marinierter Salm ist eine skandinavische Erfindung. Ich hatte Gelegenheit, in Stockholm im Grand Hotel zu arbeiten, und dort lernte ich dieses Verfahren, frischen Salm zu konservieren, ohne ihn zu räuchern, kennen.

1,5 kg Salm (1 ganzer Salm) · 40 g Salz ·
25 g Zucker · sehr viel Dill · 0,4 dl Öl · zer-
stoßene Pfefferkörner

Der ausgenommene Salm wird entgrätet und vorsichtig filetiert. In einer geeigneten Schüssel wird er mit den übrigen miteinander vermischten Zutaten bedeckt und zugedeckt im Kühlschrank aufbewahrt. Man läßt ihn 24 Stunden lang marinieren, wobei er ab und zu mit der Flüssigkeit befeuchtet wird, die sich bildet.
Bevor man ihn wie Räucherlachs aufschneidet, entfernt man den Dill, der als Garnitur verwendet werden kann.

Anmerkung
Zu kombinieren mit Verlorenen Eiern. (Rezept Seite 95)

Rohe Seewolfscheiben
mit Hummereiern

Loup de mer cru aux œufs de homard

1 frischer Seewolf (750 bis 850 g) ·
0,6 dl kaltgepreßtes Olivenöl (erste Pressung) ·
Salz · frischgemahlener Pfeffer · Hummer-
rogen · fein zerpflückte Kerbelblätter

Man nimmt den Seewolf sorgfältig aus, ohne ihn zu waschen und zu entschuppen. Filets herausschneiden und alle Gräten entfernen. Die Filets werden leicht mit Olivenöl bestrichen und 1 Stunde lang zum Zartwerden in den Kühlschrank gestellt. Dann schneidet man sie in ganz dünne Streifen, die auf einem Teller hübsch arrangiert werden. Mit Olivenöl bepinseln und mit Salz und Pfeffer würzen.
Die Hummereier werden in Salzwasser im Wasserbad kurz gekocht und nach dem Abtrocknen mit dem Kerbel auf dem Fisch angeordnet.

Anmerkung
Als Beilage eignet sich frischgeröstetes Pariserbrot, warm serviert.
Die Bekanntschaft mit roh servierten Fischen machte ich in Japan, wo ich als Küchenchef tätig war. Es ist äußerst wichtig, daß nur absolut frische Ware verwendet wird.

Terrine Covent Garden
(Gemüseterrine)

Terrine Covent Garden

Zutaten für 10 Personen

*2 Artischocken · 20 g Kalbsnierenfett ·
40 g Zuckererbsen (4 Sekunden blanchiert) ·
80 g zarte grüne Bohnen, schnell blanchiert ·
400 g Broccoli, geputzt und schnell
blanchiert · 350 g kleine Karotten, geschält,
blanchiert und der Länge nach geviertelt ·
200 g kleine Zucchetti, blanchiert und
geschnitten (wie Karotten) · 100 g kleine Pfifferlinge, geputzt und blanchiert · 10 g Butter ·
75 g Brunnenkresse (ohne Stiele)*

Garnitur

Tomatenviertel · Brunnenkresse

Die Artischockenböden werden im Rohzustand herausgeschnitten (siehe Seite 186) und sofort in Salzwasser mit etwas Zitronensaft und Olivenöl blanchiert. Dann kocht man
sie in Salzwasser mit dem Kalbsnierenfett, aber sie müssen
fest bleiben. Man läßt sie im eigenen Sud abkühlen und
schneidet sie in Scheiben.
Die Hühnerfarce (Mengenangaben siehe Seite 46) wird folgendermaßen hergestellt:
Man entfernt die Sehnen des Fleisches. Das Fleisch wird
feingehackt und durch ein Sieb gedrückt. In einer Schüssel
läßt man es auf Eis gut abkühlen. Vorsichtig wird die Sahne
darunter gezogen, bis sich eine luftige Farce bildet. Die
Brunnenkresse wird mit etwas Hühnerbrühe püriert und
mit einem Drittel der Farce vermengt. Beide Farcen mit Salz
und Pfeffer würzen.
Eine Terrinenform ausbuttern, Geflügelmousseline (Rezept

Seite 43) mit dem Brunnenkressepüree vermischt auf den Boden der Terrine geben.

Dann Terrinenform abwechselnd mit einer Schicht des vorgegarten Gemüses sowie jeweils einer Schicht Pouletmousselinefarce füllen und glatt streichen.

Die Terrine im Bain-marie bei mittlerer Hitze im Ofen zugedeckt etwa 35 Minuten pochieren.

Gut auskühlen lassen und in nicht zu dünne Scheiben schneiden. Die Tranchen auf der Tomaten-Vinaigrette (Rezept siehe unten) anrichten und gefällig mit Tomatenvierteln und Kresse ausgarnieren.

Je kontrastreicher das Gemüse geschichtet worden ist, desto hübscher sieht die aufgeschnittene Terrine aus.

Wichtig ist es, das Gemüse im eigenen Sud abkühlen zu lassen und dabei auf Eis zu stellen. Nur so kommt der Eigengeschmack zur Geltung. Selbstverständlich müssen alle Gemüsesorten knackig sein.

Tomaten-Vinaigrette

Zutaten für 10 Personen

2 dl stark eingekochter Geflügelfond ·
20 g Tomatenpüree · 100 g reife Tomaten ·
0,5 dl Rotweinessig · 0,5 dl Olivenöl · Salz ·
frischgemahlener Pfeffer · eine Prise Zucker
und etwas Zitronensaft (nach Belieben)

Hühnerbrühe und Tomatenpüree werden zusammengerührt, dann mit den fein pürierten Tomaten und dem Essig gemischt. Das Olivenöl fügt man ganz allmählich hinzu. Mit Salz und Pfeffer würzen, wenn erwünscht, auch mit Zucker und Zitronensaft.

Heringsterrine mit Dill

Terrine de hareng à l'aneth

Zutaten für 10 Personen

*250 g Hecht · 150 g geräucherter Speck, ohne
Schwarte, blanchiert · 3 dl Sahne · 2 g feingehackter Dill · etwas Paprika, edelsüß ·
15 frischgekochte Krebsschwänze · 150 g Speckstreifen zum Bardieren · 300 g Heringsfilets ·
Dill · Salz · Pfeffer*

Der gutgeputzte Hecht wird gesalzen und mitsamt dem geräucherten Speck feingehackt, wenn nötig hernach durch
ein Sieb gedrückt. Auf Eis stellen und die Sahne darunter
ziehen. Die eine Hälfte der Farce mischt man mit dem gehackten Dill, die andere mit Paprika und den frischgekoch-
ten Krebsschwänzen.

Die Terrinenform wird mit Speckstreifen ausgelegt. Zuun-
terst füllt man Farce mit dem Dill und den Krebsschwänzen
in 1 cm hoher Schicht ein. Darauf kommt eine Lage Heringsfilets, die mit Dill bedeckt wird, dann wieder eine Schicht
Farce, die mit Dill bestreut wird. Es folgt die zweite Schicht
der Heringsfilets, und den Abschluß bildet der Rest der Farce.

Die Terrine wird mit Speckstreifen bedeckt und im Ofen bei
ungefähr 150°C 30 Minuten lang im Wasserbad gekocht.

Kalbsbries- (Milken-) und Geflügelterrine

Terrine de ris de veau et volaille

Zutaten für 10 Personen

*280 g Kalbsbries (Milken), sauber gewässert ·
20 g feingehackte Schalotten · 2 g Petersilienstengel · 0,8 dl Cognac · 0,5 dl Portwein ·
40 g Butter · 70 g Schweinefleisch · 70 g Kalbfleisch · 135 g Hühnerfleisch · 120 g Gänseleber ·
4 dl Sahne · 130 g gesalzener Speck ·
25 g Pistazien · 15 g Fleischextrakt · Thymian ·
Lorbeerblatt · Salz · Pfeffer aus der Mühle*

Kalbsbries parieren und halbieren. In Portwein, Cognac,
Schalotten, Thymian und Lorbeerblatt marinieren, sodann
in Butter sautieren und leicht Farbe annehmen lassen. Marinade beigeben und 5 Minuten dünsten. Das Kalbsbries
herausnehmen, Fond zur Glace reduzieren.

Kalbfleisch, Schweinefleisch, Hühnerfleisch und die Gänseleber werden, nachdem sie gut pariert sind, durch den Wolf
passiert, die Sahne, Pistazien sowie der Fleischextrakt beigegeben und gut abgeschmeckt.

Terrinenform mit Speck auslegen und zur Hälfte mit der
Farce füllen. Kalbsbries eindrücken und mit der restlichen
Farce auffüllen. Sodann mit Speck bedecken und Thymian-
zweige obenauf legen.

Zugedeckt im Wasserbad im Ofen bei 150°C etwa 35 Minuten pochieren.

Entenleberterrine

Terrine de foie de canard

Zutaten für 10 Personen

*3 rohe Entenlebern (je 400 g) · 5 dl Milch ·
10 g Salz · 3,5 g Gewürzmischung (siehe
Seite 76) · etwas Zucker · 0,3 dl Portwein ·
0,3 dl Cognac · 180 g ungesalzener Bardierspeck · 1 Lorbeerblatt*

Der größere Teil der Leber wird sorgfältig vom kleineren
getrennt. Die Gallenblase schneidet man mit einem Messer
heraus. Die dünne Haut der Leber wird abgezogen. Auch die
Nerven müssen entfernt werden.

Die so präparierten Lebern werden 12 Stunden in gesalzener Milch (vollständig bedeckt) im Kühlschrank mariniert.

In einer Schüssel verrührt man Gewürzmischung, ein wenig
Salz, Portwein und Cognac. Dahinein wird die Leber gelegt,
mit Alufolie bedeckt und nochmals 12 Stunden in den Kühlschrank gestellt. Während dieser Zeit muß sie öfters umge-
wendet werden.

Die Terrinenform wird mit Speckstreifen ausgekleidet. Die
marinierte Leber wird sorgfältig in die Form gelegt, die kleineren Teile zuoberst. Löcher dürfen nicht entstehen; man
streicht sie mit einem Suppenlöffel aus. Mit Speckstreifen
bedecken und mit einem Lorbeerblatt krönen.

Die Pastete wird im Ofen im Wasserbad pochiert, aber man
muß darauf achten, daß das Wasser nicht über 70 bis 75°C
steigt, weil die Leber sonst zuviel Fett verliert.

Die Terrine wird mitsamt Wasserbad aus dem Ofen genommen und soll im Wasserbad, von einem kleinen Gewicht be-
schwert, abkühlen. Die vollständig abgekühlte Terrine
nimmt man aus der Form. Das Fett in der Form wird in ein
Saucentöpfchen gegeben und geschmolzen. Dann kommt
die Terrine wieder in die gründlich abgewaschene Form,
wird mit dem Fett übergossen und in den Kühlschrank gestellt.

Krebstorte mit Spinat

Tourte aux écrevisses

250 g Kuchenteig (Pâte brisée) · 16 frische
Flußkrebse · Fischfond · 250 g junger Spinat,
blanchiert · 2,5 dl Eierguß · 1 Eiweiß ·
Salz · frischgemahlener Pfeffer · 0,3 dl Sahne ·
0,5 dl Krebssauce (Rezept Seite 52)

Eierguß

3 Eier, etwas Maismehl (Maizena) und 1 dl Sahne werden im Wasserbad zusammen geschlagen. Mit Muskatnuß, Salz und frischgemahlenem Pfeffer würzen.

Der Kuchenteig wird ausgerollt aufs Backblech gelegt und die Ränder etwas in die Höhe gezogen. Man sticht mit der Gabel ein paarmal hinein und bewahrt ihn kühl auf, bis er gebraucht wird.

Die gutgewaschenen Krebse kommen in siedenden Fischfond, in dem man sie 2 Minuten lang ziehen läßt. Dann nimmt man sie heraus, bricht sie auf und entfernt die Eingeweide.

Der grobgehackte blanchierte Spinat wird mit dem Eierguß und dem steifgeschlagenen Eiweiß vermengt. Diese Mischung kommt auf den Teig, und zwar soll das Blech zu zwei Dritteln gefüllt sein.

Im vorgeheizten Ofen bei 180 bis 200°C 20 bis 25 Minuten lang backen.

Danach werden die warmen und gutgewürzten Krebsstücke daraufgelegt.

Man zieht die Sahne unter die Krebssauce und gießt diese sparsam über die Torte. Kurz vor dem Auftragen wird die Krebstorte unter dem Grill leicht gebräunt.

Gewürzmischung für Enten- und Gänseleberpastete

Mélange d'épices pour foie gras

35 g geriebene Muskatnuß · 35 g Nelken ·
10 g Lorbeerblatt · 20 g weißer Pfeffer ·
10 g schwarzer Pfeffer · 20 g Zimt ·
5 g Kardamom · 10 g Majoran · 20 g Koriander·
10 g Basilikum · 30 g Muskatblüte ·
10 g Thymian · 10 g Wacholderbeeren ·
5 g Currypulver · 10 g Estragon · 5 g Kerbel ·
5 g Rosmarin · 2 g Cayennepfeffer · 5 g Pfeffer-
blätter · 5 g Dill · 3 g Fenchelsamen

Alle Bestandteile werden feingemahlen und gemischt. Für
1 kg Gänseleber verwendet man 5 g dieser Mischung.

Geflügelleberparfait mit Trüffeln

Parfait de foies de volaille aux truffes

Zutaten für 10 Personen

300 g Geflügelleber, davon 50 g Gänseleber ·
Salz · frischgemahlener Pfeffer · 200 g Butter ·
0,2 dl Trüffelsaft konservierter Trüffel ·
0,2 dl Sherry · 0,1 dl Cognac · 5 g gehackte
Trüffel · 1 dl Sahne · etwas Zucker

Die präparierte Leber wird, mit Salz und Pfeffer gewürzt, in
heißer Butter ungefähr 15 Minuten lang sorgfältig gegart.
Die abgekühlte Leber wird mitsamt der Butter gehackt und
dann durch ein Haarsieb gestrichen. Man stellt die Masse

auf Eis und mischt sie mit Trüffelsaft, Sherry, Cognac und gehackter Trüffel. Mit einem Holzlöffel zieht man vorsichtig die Sahne darunter. Beide Teile müssen dieselbe Temperatur haben. Mit Salz, Pfeffer und einer Prise Zucker würzen. Wenn das Parfait ein wenig erhärtet ist, schneidet man mit einem Löffel Muschelformen heraus, die auf dem Teller geschmackvoll garniert werden.

Gänseleber mit Rotwein

Médaillons de foie gras au vin rouge

Dies ist einmal etwas anderes. Warum sollte Gänseleber immer kalt serviert werden? Wenn die Gänseleber frisch ist, lassen sich daraus köstliche Speisen machen.

240 g rohe Gänseleber · Salz · frischge-
mahlener Pfeffer · 1 dl Rotwein · 0,25 dl Rot-
weinessig · 20 g gehackte Schalotte · 1 dl Wal-
nußöl · 10 g feingehackter Schnittlauch ·
etwas Zitronensaft

Die präparierte Gänseleber wird in 1 cm dicke Scheiben geschnitten, die man würzt und in einer heißen Pfanne ohne Fett auf beiden Seiten schnell brät. Man richtet sie auf einem gewärmten Teller an. Wichtig ist, daß sie beim Auftragen rötlich sind.
Die Leberschnitten werden mit einer besonderen Sauce übergossen:
Rotwein und Rotweinessig werden zusammen mit der gehackten Schalotte zur Hälfte eingekocht. Man läßt die Flüssigkeit leicht abkühlcn. Dann rührt man allmählich das Walnußöl hinein und fügt ein wenig Schnittlauch sowie Zitronensaft hinzu. Nach Geschmack mit Salz und Pfeffer würzen.

Hausgemachte Ravioli

Ravioli alla Casalinga

Bei dem Rezept für den Ravioliteig auf Seite 47 ist darauf zu achten, daß dieser nur für vier Personen berechnet ist.

Zutaten für die Füllung (für 10 Personen)

10 g feingehackte Schalotte · 20 g Butter ·
150 g Kalbfleisch (Schenkel) · 150 g in Würfel
geschnittenes Schweinefleisch (Hals) ·
50 g Salami oder roher Schinken · etwas Salbei,
Rosmarin und Basilikum · 50 g Tomaten,
in Würfel geschnitten · 1 dl brauner Kalbsfond ·
100 g Spinat, blanchiert · 50 g Kalbshirn,
gewässert und sauber geputzt · 1 Eigelb ·
30 g frischgeriebener Parmesankäse ·
30 g Butter · 5 kleine Salbeiblätter · Salz ·
frischgemahlener Pfeffer

Sauce

3 g feingehackte Schalotte · 20 g Butter ·
50 g Champignons, in Scheiben geschnitten ·
50 g Tomaten, in Würfel geschnitten ·
0,5 dl Weißwein · 30 g brauner Kalbsfond ·
Salz · frischgemahlener Pfeffer

Zum Gratinieren

50 g frischgeriebener Parmesankäse ·
50 g Butter · 5 Salbeiblätter · Salz · frisch-
gemahlener Pfeffer

Die Füllung wird folgendermaßen zubereitet:
Man dünstet die Schalotte in Butter, fügt die gutgeputzten Fleischstückchen hinzu und dünstet sie mit, bevor man Salami oder rohen Schinken und die Kräuter dazugibt. Dann

werden Tomaten und Weißwein dazugegeben, und man läßt einkochen. Mit Kalbsbrühe ablöschen und schmoren lassen, bis das Fleisch zart ist. Den Spinat sorgfältig hineinmischen. Das blanchierte Kalbshirn hinzufügen, mit dem Eigelb binden und die ganze Masse durch ein feines Sieb streichen. Nun wird der Parmesan hineingemischt. 30 g braune Butter, der man die halbierten Salbeiblätter beigefügt hat, ebenfalls passieren und daruntermischen. Mit Salz und Pfeffer würzen.

Der Ravioliteig wird in zwei gleiche Teile geteilt, die man einzeln dünn auswalkt. Der eine Teil wird aufs Backblech gelegt, mit einem runden Ausstecher markiert und mit Eigelb bestrichen. In jeden Kreis legt man ein wenig Füllung, etwa 2 bis 3 cm hoch. Dann legt man die andere Teighälfte darauf, drückt sie leicht an und schneidet mit dem Teigrädchen gleichmäßige Vierecke aus.

Die Ravioli werden in viel Salzwasser, dem man etwas Öl zusetzt, damit sie nicht aneinander kleben, fünf bis acht Minuten lang gekocht — sie schwimmen obenauf, wenn sie gar sind —, abgegossen, in Butter geschwenkt und gewürzt.

In eine feuerfeste Schüssel kommt zuerst etwas Sauce, dann gibt man die Ravioli dazu und übergießt sie mit der restlichen Sauce. Mit Parmesan bestreuen und unter dem Grill oder im heißen Ofen gratinieren. Butter wird zusammen mit Salbeiblättern erhitzt, bis sie braun ist und über die Ravioli gegossen. Sofort auftragen.

Die Sauce bereitet man folgendermaßen zu:

Schalotte wird in Butter gedünstet, dann fügt man die Champignons hinzu. Tomatenwürfel und Weißwein beigeben und einkochen lassen. Den Kalbsfond hinzufügen und nach Geschmack würzen.

Jakobsmuschelnmousseline

Mousseline de coquilles St-Jacques

*6 Jakobsmuscheln mit Schale (ungefähr
180 g netto) · 80 g Hecht ohne Haut · Salz ·
frischgemahlener Pfeffer · etwas Cayennepfeffer ·
2,5 dl Sahne*

Garnitur

*20 g frisches Tomatenpüree · 4 fein-
geschnittene Trüffelscheiben · 4 Blätterteighalbmonde*

Sauce

*0,5 dl Noilly Prat · 1 dl Fischfond · 5 g fein-
gehackte Schalotte · 2 dl Sahne · 60 g Butter
(zum Binden) · Salz · frischgemahlener
Pfeffer*

Fünf trockene Muscheln werden zusammen mit Rogen und
Hecht fein gehackt. In einer Schüssel auf Eis abkühlen, würzen und allmählich die Sahne darunterziehen. Die Mischung wird durch ein Haarsieb gestrichen, nochmals gewürzt und kalt gestellt. Die sechste Muschel schneidet man
in Würfelchen, die gewürzt und auf die Crème gesetzt werden. Die Crème gibt man in Förmchen. Man pochiert sie ungefähr 15 Minuten lang im Ofen im Wasserbad. Vor dem Anrichten läßt man sie 3 bis 4 Minuten stehen, sonst läßt sie
sich nicht gut von der Form lösen.
Die Sauce, mit der sie bedeckt wird, bereitet man folgendermaßen zu:
Fischfond läßt man zusammen mit der feingehackten Schalotte einkochen. Man fügt die Sahne hinzu und läßt weiter
einkochen, bis die gewünschte Konsistenz erreicht ist.

Gefüllte Steinbuttschnitten mit Krebsen ▶
Tronçon de turbot soufflé aux écrevisses
Rezept Seite 110

Durch ein feines Sieb oder ein Tuch passieren, mit der Butter binden und mit Salz und Pfeffer würzen.

Man garniert dieses Gericht mit Tomatenpüree, Trüffelscheiben und Blätterteighalbmonden.

Jakobsmuscheln mit Lauch

Coquilles St-Jacques galloises

8 große Jakobsmuscheln mit Schale (ungefähr 240 g netto) · 200 g grüner Lauch · 0,5 dl trockener Weißwein · 0,25 dl Wasser · 1 dl Sahne · 20 g Butter · 4 frische Basilikumblätter · Salz · frischgemahlener Pfeffer

Man öffnet die Muscheln mit einem starken Messer und erhitzt sie ein paar Minuten auf dem Feuer, damit sie sich vollständig öffnen. Muscheln und Rogen werden mit einem Suppenlöffel herausgenommen. Die Muscheln trennt man vorsichtig vom Rogen und wäscht sie gründlich. Dann schneidet man sie in Hälften und läßt sie auf einem Tuch trocknen.

Der Lauch wird in kleine Stücke geschnitten, gewaschen und im Weißwein mit Salz und Pfeffer gekocht. Man püriert ihn, bringt ihn mit der Sahne zum Sieden und läßt einkochen. Mit Butter binden. Die trockenen Muscheln werden gewürzt und schnell in Butter gebraten, bis sie goldbraun sind.

Das Lauchpüree wird in die Muschelschalen gelegt, die Muscheln kommen obendrauf. Man beträufelt sie mit brauner Butter, der man im letzten Augenblick die Basilikumblätter beigefügt hat. Man garniert sie mit dem Rogen und einem Basilikumblatt. Hübsch sieht es aus, wenn man die Muschelschalen auf gefärbtem Meersalz anrichtet.

◀ Rendez-vous der Meeresfrüchte
Rendez-vous de fruits-de-mer à la crème de basilic
Rezept Seite 127

Garnelen Maître Gilgen

Scampi Maître Gilgen

Meister Gilgen, ein wahrer Könner, war jahrelang Küchenchef im Kulm-Hotel in St. Moritz. Ich hatte das Vergnügen,
während drei Winter unter seiner Leitung zu arbeiten. Die
Feinschmecker unter den Gästen bevorzugten diese von ihm
geschaffene Vorspeise.

*24 Garnelen (320 g ohne Schale) · Salz ·
frischgemahlener Pfeffer · 30 g Butter · feingehackte frische Kräuter: Estragon, Dill
und Petersilie · 2 dl Weißwein · 2 dl Holländische Sauce · 0,5 dl Sahne · 1 dl Joghurt
(ohne Zusatz) · 5 g frischgeriebener Meerrettich ·
2 Kopfsalatherzen, in Streifen geschnitten ·
etwas Zitronensaft · 4 Toastscheiben*

Die gewürzten Garnelen werden in Butter gedünstet. Man
fügt die Kräuter hinzu und löscht mit Weißwein ab. Aufkochen, zudecken und 15 Sekunden ziehen lassen. Dann
nimmt man die Garnelen heraus und kocht den Sud ein.
Man fügt der abgekühlten Brühe die Holländische Sauce
und die Sahne bei und würzt.
Der Joghurt wird mit den Salatstreifen, dem Meerrettich
und dem Zitronensaft vermischt. Nach Geschmack würzen.
Die Mischung gießt man über die heißen Toastscheiben und
legt darauf die Garnelen.
Mit der Sauce bedecken und unter dem Grill glasieren.

Anmerkung
Damit der Toast knusprig bleibt, ist es ratsam, diese Vorspeise in letzter Minute zuzubereiten.

Austern mit Champagner und Kaviar

Huîtres moscovites au Champagne

24 Austern · 2 dl Champagner · 3 dl Sahne ·
1 Eigelb · Salz · frischgemahlener Pfeffer ·
Cayennepfeffer · 20 g Kaviar

Man öffnet die Austern, nimmt das Fleisch heraus und entfernt den Bart. (Die Flüssigkeit nicht weggießen.)
Die Austern werden im Champagner und im Austernsaft kurz pochiert. Man nimmt sie heraus und legt sie auf die gewärmten Schalen.
Man kocht den Sud ein, fügt die Sahne hinzu und läßt bis zur gewünschten Konsistenz einkochen.
Vom Feuer nehmen und das Eigelb in die Sauce rühren. Mit Salz und Pfeffer würzen.
Die Austern werden mit der Sauce übergossen und im Ofen gegrillt. Den Kaviar obendrauf setzen und sofort auftragen.

Anmerkung
Es macht sich hübsch, wenn man die Austern auf einer Platte mit grobem Meersalz anrichtet.

Suppen

Kalte Gemüsesuppe

Potage de légumes froid

200 g geschälte, grobgehackte Tomaten ·
100 g geschälte, in Stückchen geschnittene
Gurke · 30 g feingehackte Zwiebel · 30 g grob-
gehackte rote und grüne Paprikaschoten
(Peperoni) · etwas feingehackter Knoblauch ·
15 g Weißbrotbrösel · 0,2 dl roter Weinessig ·
0,5 dl Geflügelfond ohne Fett · 0,4 dl Olivenöl ·
6 Basilikumblätter und etwas Oregano ·
0,5 dl Sahne · Salz · frischgemahlener Pfeffer

Tomaten, Gurke, Zwiebel, Paprikaschoten, Knoblauch und
Brösel werden gemischt.
Man fügt Essig, Geflügelfond, Olivenöl, Oregano und 3 Basi-
likumblätter hinzu und würzt mit Salz und Pfeffer. Zwölf
Stunden marinieren lassen.
Dann kommt alles in den Mixer, wird püriert und durch ein
Sieb gestrichen. Sahne dazugeben und nachwürzen. Als
letztes kommen die übrigen 3 Basilikumblätter hinzu, die in
dünne Streifen geschnitten werden.
Kalt stellen. Es ist wichtig, daß diese Suppe ganz kalt ser-
viert wird, wenn möglich auf Eis.

Klare Wachtelsuppe mit
weichgekochten Wachteleiern

Elixir de cailles aux œufs

Diese Suppe war einer der größten Erfolge auf der Weltaus-
stellung 1970 in Osaka, wo ich als Küchenchef tätig war.

400 g Wachtelknochen, Magen und Haut ·
½ Kalbsfuß · 0,3 dl Erdnußöl · 1,5 l Wasser ·
Salz · 40 g Zwiebel, ungeschält · 1 Knob-
lauchzehe · ½ Lorbeerblatt · 20 g Karotte ·
40 g Lauch · 40 g Stangensellerie

Zum Klären

200 g rohes Wachtel- und Geflügelfleisch,
grobgehackt · 2 Eiweiß · 50 g grobgeschnittene
Tomaten · 50 g Selleriestangen · 5 g Peter-
silienstengel · ein paar Estragonstengel ·
1 dl trockener Weißwein · Salz · frischge-
mahlener Pfeffer

Garnitur

10 g Stangensellerie · 10 g Lauch · 10 g Karotte ·
4 weichgekochte, sorgsam geschälte
Wachteleier · etwas Brunnenkresse ohne Stiel

Man brät Wachtelknochen, Magen, Haut und Kalbsfuß sorgfältig in Erdnußöl. Alles mit Ausnahme des Fettes in einen
Topf geben und mit dem Wasser auffüllen. Zum Sieden bringen, abschäumen und 45 Minuten lang ziehen lassen.
Die mit Knoblauch und Lorbeerblatt gespickte Zwiebel wird
auf der Herdplatte gebräunt und der Brühe zugesetzt, die
man dann mit in feine Streifchen (Julienne) geschnittener
Karotte, Lauch und Sellerie nochmals 30 Minuten lang sieden
läßt.

Durch ein Sieb streichen und abkühlen lassen.

Beim Klären der Suppe geht man folgendermaßen vor:

Man mischt das Wachtel- und Geflügelfleisch mit 2 Eiweiß, Tomate, Sellerie sowie Petersilien- und Estragonstengeln. Brühe und Weißwein zugießen. Unter fortwährendem Rühren aufkochen und dann 20 Minuten lang ziehen lassen. Mit Salz und Pfeffer würzen.

Dann wird die Suppe durch ein feines Sieb passiert und das Fett entfernt.

Die Bouillon verteilt man in 4 Tassen und garniert sie mit der feingeschnittenen Julienne, mit dem Wachtelei und der Brunnenkresse.

Diese einfache, konzentrierte, klare Suppe haben wir mit Blätterteig zugedeckt und dann im Ofen goldbraun gebakken. Wenn man diese Suppe mit Blätterteig zudeckt, hat man darauf zu achten, daß die Wachteleier, obwohl sie im Ofen während 12 bis 13 Minuten gebacken werden, noch weich sind. Also nur ganz kurz sieden und dann vorsichtig schälen.

Schottische Gerstensuppe mit Lammfleisch

Scotch broth

*20 g feingehackte Zwiebel · 20 g Butter ·
30 g Karotte, in Scheiben geschnitten ·
30 g Lauch, klein gewürfelt · 20 g Sellerie, klein
gewürfelt · 20 g Kohl, klein gewürfelt ·
30 g Gerste · 1 l Lammfond · 50 g gekochtes
Lammfleisch, in Würfel geschnitten ·
Salz · Pfeffer · gehackte Petersilie*

Die Zwiebel wird in Butter gedünstet. Man fügt Karotte, Lauch und Sellerie bei, läßt weiterdünsten und gibt dann den Kohl und die gründlich gewaschene Gerste dazu. Mit Lammbrühe ablöschen und zum Kochen bringen. Kurz vor dem Anrichten kommt das gekochte Lammfleisch in die Suppe. Mit Salz und Pfeffer würzen.

Fleischbrühe mit Leberknödeln

Potage aux quenelles de foie

*50 g geputzte Kalbsleber · 50 g geputzte
Rindsleber · 2 Brötchen · 1 dl Milch zum Einweichen der Brötchen · 20 g feingehackte,
in Butter gebratene Zwiebel · 60 g Kalbsnierenfett, gehackt und mit ein wenig Mehl vermischt · 1 Ei · Salz · frischgemahlener Pfeffer ·
etwas Majoran, Rosmarin und Salbei ·
eine Prise Zucker · 8 dl Fleischbrühe · 8 Markscheiben, blanchiert · etwas grobgehackte
Petersilie*

Man hackt Leber, eingeweichte Brötchen, Zwiebel und Kalbsnierenfett, aber nicht zu fein. Alles wird in einer Schüssel auf Eis gemischt. Man arbeitet das Ei hinein und würzt die Masse.

Mit einem Löffel formt man kleine Klöße, die in der Fleischbrühe drei bis vier Minuten pochiert werden. Die Leberklöße werden in der gutgewürzten Bouillon aufgetragen. Mit Markscheiben und Petersilie garnieren.

Pfifferlingsuppe mit Thymian

Potage aux chanterelles

*5 g feingehackte Schalotte · 1 g feinge-
hackter Knoblauch · 0,2 dl Olivenöl · 300 g geputzte Pfifferlinge (Eierschwämme) ·
5 dl Gemüsefond · 2 dl Sahne · Salz · frischgemahlener Pfeffer · Muskatnuß · etwas
Zitronensaft · Thymianblätter zum Garnieren*

Schalotte und Knoblauch werden in Olivenöl angedünstet.
Die feingehackten Pfifferlinge fügt man hinzu.
Mit Gemüsebrühe ablöschen und 3 bis 4 Minuten lang sie-
den lassen.
Die Suppe wird püriert, nochmals aufgekocht und mit Sah-
ne gebunden.
Mit Salz, Pfeffer, Muskatnuß und Zitronensaft abschmecken.
Kurz vor dem Auftragen garniert man die Suppe mit Thy-
mianblättern.

Anmerkung
Für diese sehr delikate Suppe kann man auch kleine Pfifferlinge als Einlage verwenden.

Lauchsuppe mit Weißwein

Potage Pigalle

*200 g feingehackte Zwiebel · 200 g feinge-
hackter Lauch · 40 g Butter · 1 dl Weißwein ·
1 dl brauner Kalbsfond · 6 dl Bouillon ·
Salz · frischgemahlener Pfeffer · etwas grobgehackte Petersilie*

Zwiebel und Lauch werden in Butter gedünstet, bis sie Goldfarbe haben. Mit Weißwein und Kalbsfond auffüllen und ein wenig einkochen lassen. Dann kommt die Bouillon dazu, dann die Suppe 8 bis 10 Minuten sieden lassen.

Mit Salz und Pfeffer würzen und vor dem Auftragen mit Petersilie garnieren.

Muschelsuppe Billy Bye

Billy Bye Soupe
(Abb. Seite 49)

1 kg Miesmuscheln · 10 g feingehackte Schalotte · 20 g feingehackte Zwiebel · einige Zweige Petersilie und Dill · ¼ Lorbeerblatt · 1 dl trockener Weißwein · 50 g Stangensellerie und Karotte, in Julienne-Streifen geschnitten · 20 g Butter · 5 dl Fischfond · 2 dl Sahne · 1 Eigelb, gemischt mit etwas Sahne · etwas Currypulver · Salz · frischgemahlener Pfeffer · 4 Trüffelscheiben, in Streifchen geschnitten · etwas zerpflückten Kerbel

Die gesäuberten und gewaschenen Muscheln werden zusammen mit Schalotte, Zwiebel und Weißwein in einem zugedeckten Topf zum Sieden gebracht; 5 Minuten ziehen lassen. Dann die Muscheln aus der Schale lösen und den Bart entfernen. Den Sud durch ein Sieb passieren.

Gemüse-Julienne in Butter dünsten, mit Fisch- und Muschelfond auffüllen und einkochen lassen. Die Sahne hinzufügen.

Die Muscheln in die Suppe geben, den Topf vom Feuer nehmen und mit der Eigelb-Sahne-Mischung binden. Die Suppe wird mit Salz und Currypulver oder mit frischgemahlenem Pfeffer abgeschmeckt. Mit Trüffelstreifen und zerpflücktem Kerbel garnieren.

Schneckensuppe mit Noilly Prat

Potage aux escargots

24 frische Weinbergschnecken · 3 dl Bouillon,
eingekocht · 20 g Lauch · 20 g Sellerie ·
20 g Karotte · 10 g Butter · 5 dl weißer Kalbs-
fond · 2 dl Sahne · 1 Eigelb · 2 dl Noilly
Prat · Salz · frischgemahlener Pfeffer · ein
paar feingehackte Fenchelblätter

Die gekochten Schnecken (siehe Rezept Seite 91) werden in
der kräftigen Fleischbrühe mariniert. Man dünstet die in
Streifen (Julienne) geschnittenen Lauch, Sellerie und Karotte in Butter und fügt die Schnecken hinzu. Mit der Bouillon
ablöschen und einkochen lassen. Dann wird der Kalbsfond
zugegossen, und man läßt alles 5 Minuten lang sieden.
Sahne, Eigelb und Noilly Prat werden zusammen geschlagen und der Suppe beigefügt. Zum Kochen bringen, dann
mit Salz und Pfeffer abschmecken. Die Suppe wird mit den
feingehackten Fenchelblättern vor dem Servieren garniert.

Zubereitung der Schnecken

Préparation des escargots

*60 Weinbergschnecken · 50 g feingehackte
Zwiebel · 30 g Karotte · 50 g weißer Lauch ·
30 g Stangensellerie · 40 g Butter · etwas
Thymian, Rosmarin, Basilikum · etwas Knoblauch · 1 dl trockener Weißwein · 1 l Geflügelfond · 1 kleiner Kalbsfuß, in Stücke geschnitten · Salz · frischgemahlener Pfeffer*

Man verwendet nur verschlossene Schnecken. Das Ver-
schlußfleckchen aus Kalk mit der Spitze eines Messers entfernen. Man wäscht die Schnecken mehrmals und läßt sie in
stark gesalzenem Wasser $2\frac{1}{2}$ Stunden abschäumen.

Dann werden sie in kaltem Wasser aufgesetzt, das man zum
Kochen bringt und sofort abgießt. Mit einer Nadel holt man
die Schnecken aus dem Häuschen und entfernt das schwarze Ende.

Die gewürfelten Zwiebel, Karotte, Lauch und Sellerie werden in Butter gedünstet. Kräuter und Knoblauch hinzufügen.

Man löscht mit Weißwein ab, den man einkochen läßt, bevor
die Geflügelbrühe hinzukommt.

Die Schnecken und der Kalbsfuß werden beigegeben, und
alles läßt man etwa 3 Stunden lang sachte kochen. Mit Salz
und Pfeffer würzen.

Man läßt die Schnecken in diesem Sud, bis sie verwendet
werden.

Meerfischsuppe mit Kerbel

Soupe de poisson de mer

*1 Seezunge (etwa 350 g) · 1 kleiner Seewolf
(etwa 300 g) · 2 Rotbarben · 4 Garnelen in der
Schale · 4 dl gutgewürzten Fischfond ·
20 g Lauch · 20 g Sellerie · 20 g Karotte ·
3 dl Muschelfond, fein passiert · 1 dl Weißwein ·
8 frischgekochte Muscheln (ohne Bart) ·
Salz · frischgemahlener Pfeffer · etwas Kerbel ·
30 g Tomaten, in Würfel geschnitten*

Die enthäuteten und von den Flossen befreite Seezunge
schneidet man in dicke Streifen. Seewolf und Barben werden entschuppt, von den Flossen befreit und ebenfalls in
dicke Streifen geschnitten. Die Garnelen bricht man auf.
Gräten und Garnelenschalen für die Fischbrühe verwenden. Den in Streifen geschnittenen Lauch, Sellerie und die
Karotte kocht man in Salzwasser knackig und läßt sie darin
auf Eis abkühlen.
Im Suppentopf bringt man Fisch- und Muschelbrühe mit
dem Weißwein zum Kochen, gibt dann Fischstücke, Garnelen und Muscheln hinein und läßt die Suppe, die nicht mehr
sieden darf, höchstens 4 Minuten ziehen. Das Gemüse hinzufügen, mit Salz und Pfeffer würzen.
Vor dem Auftragen fügt man den Kerbel und die Tomatenwürfel hinzu.

Anmerkung
Frischgebackenes, knuspriges Knoblauchbrot ist eine passende Beigabe zur Fischsuppe.

Muschelsuppe mit Julienne-Gemüse
à la Camille

Soupe de coquilles St-Jacques Maître Camille

*8 Jakobsmuscheln · 20 g Karotte · 30 g Lauch ·
30 g Fenchel · 20 g Butter · 2 dl Muschelfond · 2 dl Fischfond · Salz · frischgemahlener
Pfeffer · 2 dl Sahne · 50 g Butter (zum Binden) ·
0,2 dl Noilly Prat · 4 Trüffelscheiben*

Die Muscheln werden mit einem starken Messer aufge-
stemmt und für ein paar Minuten auf die heiße Herdplatte
gelegt, damit sie sich vollständig öffnen.

Mit einem Suppenlöffel nimmt man die Muscheln und den
Rogen aus der Schale, trennt beides sorgfältig voneinander
und wäscht alles gründlich.

Die in Streifen geschnittene Karotte, Lauch und Fenchel
werden gut in Butter gedünstet und dann der Muschel- und
Fischbrühe beigefügt, die man 2 bis 3 Minuten kochen läßt.

Nun gibt man die gewürzten Muscheln und den Rogen dazu
und läßt 1 Minute lang weiterköcheln.

Man nimmt Muscheln und Julienne aus dem Topf und hält
sie in vorgewärmten Suppenschälchen warm.

Die Brühe wird ein wenig eingekocht; dann kommen Sahne
und weiche Butter dazu und zuletzt der Noilly Prat. Nach
Geschmack würzen und auf die Suppenschalen verteilen.

Vor dem Auftragen garniert man mit den Trüffelscheiben.

Eierspeisen

In einem Menü gehören die Eierspeisen zu den kleinen Entrées. Im allgemeinen rechnet man zwei Eier pro Person. Eier müssen immer ganz frisch gegessen werden, aus geschmacklichen Gründen, wie aus ernährungshygienischer Notwendigkeit. Das gewöhnliche Hühnerei hat ein Durchschnittsgewicht von 56 g. Daneben gibt es Eier von 35 g, aber auch solche von 80 g. Bei der Verwendung in großer Anzahl kann dies zu Gewichtsdifferenzen führen, besonders bei genauen Rezepten für die Pâtisserie. Die meisten Konditoren rechnen deshalb mit Flüssigkeits- und Gewichtsmengen für ganze und getrennte Eier nach folgender Skala:

1 Liter = 23 bis 24 ganze Eier
1 Liter = 35 Eiweiß
1 Liter = 44 Eigelb

Das Ei enthält viele wertvolle Nährstoffe: Wasser, Eiweiß, Fett, Mineralsalze, Vitamin A, B und C. Als besonders wertvolle Substanz im Eigelb gilt das phosphorhaltige Lecitin. Der Nährstoffgehalt des ganzen Eis beträgt 6,5 g Eiweiß und 5 g Fett. Frische Eier sind hell, gleichmäßig durchschimmernd, ältere Eier sind bereits etwas trübe. Verdächtige Eier sind leicht gefleckt. Verdorbene Eier weisen dunkle Flecken auf.

Verlorene Eier mit mariniertem Salm

Œufs pochés au délice de saumon mariné

*12 dünne Scheiben marinierter Salm
(Rezept Seite 86) · 4 Eier · 8 Kopfsalatherzen ·
Essigwasser · 0,1 dl Zitronensaft ·
0,2 dl Walnußöl · Salz · frischgemahlener
Pfeffer · etwas Dill zum Garnieren*

Sauce

*1,5 dl saure Sahne · 20 g französischer
Senf · 0,3 dl Flüssigkeit von der Marinade,
durchgeseiht · Cayennepfeffer · Salz · frischgemahlener Pfeffer · etwas zerzupfter Dill*

Der marinierte Salm wird in ebenso dünne Scheiben wie
Räucherlachs geschnitten.
Die Eier werden etwa 5 Minuten sorgfältig pochiert.
Verlorene Eier bereitet man folgendermaßen zu: Das kochende Wasser wird mit Essig und Salz gemischt. Ein Topf
mit kaltem Wasser steht bereit. Ein Tassenkopf nimmt das
sorgfältig geöffnete frische Ei auf, das man schnell aus der
Tasse ins kochende Wasser gleiten läßt. In der anderen Hand
hält man einen Schaumlöffel und verhindert damit, daß das
Ei im Wasser verläuft. Man pochiert die Eier 5 Minuten lang
sorgfältig. Mit dem Schaumlöffel nimmt man sie dann heraus, schreckt sie in kaltem Wasser ab, trimmt sie, damit sie
sauber und gleichmäßig aussehen, und legt sie auf ein Tuch.
Die gewaschenen und getrockneten Kopfsalatherzen werden in einem Kreis auf dem Teller angerichtet und mit Zitronensaft, Öl, Salz und Pfeffer gewürzt.
Die verlorenen Eier kommen mitten auf den Salat und werden mit dem Lachs und dem Dill garniert. Die Sauce serviert man separat.

Wachteleier mit Lauch

Œufs de cailles aux poireaux

12 frische Wachteleier · 4 eckige Blätter-
teigpasteten · 2 dl Holländische Sauce ·
100 g weißer und etwas grüner Lauch ·
10 g Butter · 0,5 dl Geflügelfond · 0,5 dl Noilly
Prat · 0,5 dl Sahne · etwas gehackter
Estragon · Salz · frischgemahlener Pfeffer

Bevor man die Wachteleier in siedendes Wasser gibt und
2½ Minuten kochen läßt, sticht man ein paarmal mit einer
Nadel hinein. Nach dem Kochen werden sie sofort mit kaltem Wasser abgeschreckt und unter fließendem Wasser geschält.

Der sorgfältig gewaschene Lauch wird in Streifen geschnitten. Den trockenen Lauch läßt man ohne Zusatz von Flüssigkeit in einer ausgebutterten Kasserolle 8 Minuten dünsten.

Geflügelfond und Noilly Prat werden zusammen um die
Hälfte eingekocht. Dann fügt man die Sahne hinzu und läßt
weiter bis zur gewünschten Konsistenz einkochen. Den
Lauch beifügen und mit Estragon, Salz und Pfeffer abschmecken.

Hausgemachte Blätterteigpasteten werden auf butterbestri-
chenem Pergamentpapier im vorgewärmten Ofen bei etwa
250°C 18 Minuten gebacken. Den Deckel abschneiden und
warm stellen. Die warmen Pasteten arrangiert man auf einer Platte und füllt sie mit der gutgewürzten Lauchcrème.
Die Wachteleier werden in Salzwasser gewärmt und obenauf gelegt. Sorgfältig mit Holländischer Sauce bedecken.
Den warmen Deckel aufsetzen und sofort servieren.

Weichgekochte Eier mit Kalbsbries und Champignons

Œufs mollets au ragoût fin

Diese Eierspeise stand auf der Speisekarte des berühmten Hotel Beverly Wilshire in Los Angeles, als wir dort im Frühjahr 1978 eine Woche mit Dorchester-Spezialitäten veranstalteten. Gerade die Eierspeise erfreute sich bei den Gästen großer Beliebtheit.

4 frische Eier · 150 g Kalbsfuß, gekocht und in Würfel geschnitten · 60 g Kalbsbries (Milken), pochiert und zerpflückt · 60 g Champignons, gedämpft und in Würfel geschnitten · 2 g feingehackte Schalotte · 1 dl Weißwein · 1,5 dl Sahne · Salz · frischgemahlener Pfeffer · 1 dl Holländische Sauce · 4 Trüffelscheiben

Die Eier werden 5 Minuten lang gekocht, abgeschreckt und unter fließendem Wasser geschält.

Man dünstet Bries, Kalbsfuß und Champignons in der mit Schalotte zusammengerührten Butter, löscht mit dem Weißwein ab und läßt einkochen. Dann kommt die Sahne hinzu, und man läßt einkochen, bis die gewünschte Konsistenz erreicht ist. Mit Salz und Pfeffer würzen.

Die Eier werden in Salzwasser aufgewärmt, während man das Ragout auf Tellern anrichtet. Die Eier kommen obendrauf, sie werden mit Holländischer Sauce bedeckt und mit je einer Trüffelscheibe garniert. Sofort auftragen.

Eier im Förmchen mit Kaviar

Œufs en cocotte au caviar

*10 g Butter · frischgemahlener Pfeffer ·
4 Eier · 1 dl Sahne · 40 g Kaviar (möglichst Beluga)*

Man buttert vier Förmchen aus und bestreut sie mit Salz
und Pfeffer. In jedes Förmchen kommt ein Ei, das — zugedeckt — sorgsam im Wasserbad gekocht wird.
Der Kaviar wird mit der gewärmten Sahne gemischt. Sparsam würzen und über die Eier gießen.

Anmerkung
Es ist wichtig, daß der Dotter leicht flüssig bleibt. Nur das
harte Eiweiß sollte mit der Crème bedeckt werden, das Eigelb hingegen sichtbar sein.

Fischgerichte

Fische kennen wir in unzählig vielen Varianten. Sie leben (mit einigen Ausnahmen) wild. Je nach Gewässern und (leider auch nach Grad der Verschmutzung) entwickeln sie einen speziellen Charakter im Fleisch und im Geschmack. Dem Gastronom stellt sich also eine große Auswahl an Arten und Geschmacksnuancen. Fisch ist bekömmlich und leicht verdaulich. Was wir als Fleisch und natürlich auch als Fischfleisch konsumieren, sind Zellen und faserige Strukturen aus verschiedenen Sorten von Eiweißen, Wasser und Fett. Das Wasser ist teils im Zellinnern und teils in den Eiweißen enthalten, welche sich in einer Art Quellzustand befinden. Das Wasser ist in diesem Zustand gebunden und kann nicht auslaufen. Der Denaturierungsprozeß des Eiweißes ist für die kulinarische Qualität der Gerichte ausschlaggebend. Bei Temperaturen über 40°C beginnen tierische Eiweiße zu koagulieren, zu gerinnen. Bei etwa 50°C sind 40% der Eiweiße geronnen, bei 60°C rund 70%, bei 70°C rund 90% und bei 80°C praktisch 100%. Die Eiweiße verändern dabei ihre Struktur und verlieren die Fähigkeit, zu quellen und Wasser zu binden. Die Zellen werden undicht und verlieren ihre Zellflüssigkeit, d.h. der Fleisch- bzw. Fischsaft läuft aus und Beefsteak wie Fisch sind unrettbar trocken geworden. Da der Saft außerdem Geschmacksträger ist, hat saftloses Fleisch sein Aroma verloren. Wenn man nun bei den verschiedenen Fischzubereitungsarten daran denkt und dafür sorgt, daß die Temperatur des Fleisches 55°C nicht übersteigen darf, so wird man nie mehr trockenen Fisch servieren. Fischeiweiß wird durch kein Bindemittel geschützt. Das bedeutet, daß es leicht durch Wasser ausgeschwemmt werden kann. Deshalb Fisch niemals wässern oder in Wasser aufbewahren, sondern auf Eis oder mit Eis bedeckt lagern. Durch Oxidation des Eiweißes mit dem Luftsauerstoff verderben die Fische, darum sollten Fische niemals filetiert liegen bleiben. Die Filets werden erst kurz vor der Zubereitung ausgelöst. Frische Fische haben klare Augen und rote Kiemen. Das Fleisch ist beim Anfassen straff und löst sich nicht von selbst von den Gräten. Die Schuppen sitzen fest auf der Haut. Der Geruch der geöffneten Kiemen soll frisch sein. Kurz vor und kurz nach der Laichzeit (Schonzeit) sind die Fische im allgemeinen weniger schmackhaft und sollten nicht verwendet werden.

Fischfleisch hat im allgemeinen keine intensiven Geschmacksqualitäten, sondern diese sind fein abgestuft, jedoch für viele Arten typisch — Hecht, Forelle, Salm, usw. Aber es ist ja eine Maxime der guten Küche, dem Nahrungsmittel seinen eigenen typischen Geschmack zu erhalten und diesen höchstens noch durch geeignete Kombinationen von Aromastoffen zu unterstützen oder durch Gegenüberstellung mit gewissen Beilagen und Saucen zur Geltung zu bringen. An der Zubereitung von Fisch ist am deutlichsten die Veränderung unserer Kochgewohnheiten festzustellen, nicht mehr »zerkocht«, sondern auf den Punkt genau gegart, pochiert oder gebraten usw.

Bevorzugt in guten Küchen und folglich auch bei Gourmets, werden vor allem Mittelmeerfische wie der Loup de Mer (Seewolf), der Rouget (Seebarbe) und der Steinbutt. Dieser wird seiner Schönheit wegen der »Fasan des Meeres« genannt.

Salmsteak »en papillote«

Steak de saumon en papillote

750 g filetierter Salm ohne Haut · Salz ·
frischgemahlener weißer Pfeffer · 50 g Butter ·
40 g Zwiebel · 50 g Karotte · 60 g Lauch
· 100 g rohe Champignons · 0,1 dl Walnußöl
· 12 Estragonblätter · 80 g Butter ·
0,4 dl trockener Weißwein · 0,4 dl Fischfond

Man entfernt sorgsam die Gräten und zerteilt das Salmstück in 4 Schnitten, die mit Salz und Pfeffer gewürzt werden.

Die Zwiebelringe werden in 50 g Butter gedünstet, dann kommen die in dünne Scheiben geschnittene Karotte und der Lauch hinzu, und man läßt weiterschmoren. Die Champignons beifügen und noch 3 Minuten ziehen lassen. 4 Estragonblätter beigeben und mit Salz und Pfeffer würzen.

Alufolie wird so zugeschnitten, daß sie dreimal größer ist als die Salmschnitten, und mit Walnußöl bestrichen. Darauf verteilt man das Gemüse und die Champignons, belegt es mit der Salmschnitte, setzt auf jede 20 g Butter und Estragonblätter. Weißwein und Fischbrühe hinzufügen.

Die Alufolie wird sorgsam darüber gefaltet und am Rand zusammengerollt, so daß sich ein luftdichter Beutel ergibt.

Man wickelt die Beutel in Pergamentpapier, legt sie aufs Blech und bäckt sie 15 bis 18 Minuten bei mäßiger Hitze im Backofen.

Anmerkung

Alle in Alufolie gebackenen Gerichte sollten erst bei Tisch vor den Augen der Gäste geöffnet werden, damit das Aroma so vollkommen wie möglich zur Geltung kommt.

Salmsoufflé Maître Schlegel

Saumon d'Écosse Maître Schlegel

Dieses Gericht gehörte zu den Spezialitäten des Palace-Hotels in Luzern und trägt den Beinamen Otto Schlegel, der 26 Jahre lang dort als Küchenchef tätig war, und dem zu Ehren es erfunden wurde.

1 kg Salm (netto ca. 500 g) · Salz · frischge-
mahlener Pfeffer · 2 g feingehackte Schalotte ·
150 g Hechtmousseline (Rezept Seite 42) ·
4 Garnelen (ohne Schale) · 20 g Butter ·
1 dl Weißwein · 1 dl Fischfond · 0,5 dl Noilly
Prat · 4 dl Sahne · 50 g Butter (zum Binden) ·
etwas Sauerampfer, in Streifen geschnitten ·
0,5 dl Hummersauce (Rezept Seite 52)

Der filetierte Salm wird enthäutet, entgrätet und in vier Teile geschnitten. Die mit Salz und Pfeffer gewürzten Fischstücke bedeckt man gleichmäßig mit der Hechtmousseline. Darauf kommen die gewürzten Garnelen, die man leicht in die Mousseline drückt.

Der eingefettete Topf wird mit der feingeschnittenen Schalotte bestreut, und man legt die Fischstücke hinein. Weißwein und Fischbrühe hinzufügen und im Ofen pochieren.

Wenn der Fisch gar ist, wird er herausgenommen und warm gestellt. Zuerst fügt man der Brühe Noilly Prat hinzu und läßt einkochen, dann die Sahne, und das Einkochen wird fortgesetzt, bis die gewünschte Konsistenz erreicht ist. Allmählich mit Butter binden, Sauerampfer hinzufügen und mit Salz und Pfeffer würzen. Das Gericht kurz unter dem Salamander oder im heißen Ofen etwas Farbe annehmen lassen.

Der Fisch wird in der Sauce angerichtet, und man bedeckt die Garnelen mit der gutgewürzten Hummersauce.

Lachsforelle mit Lauch I

Escalope de truite saumonée aux poireaux

*1 Lachsforelle (1 kg) · 20 g Butter · Salz ·
frischgemahlener Pfeffer · 0,5 dl Weißwein
(Chablis) · 0,5 dl Fischfond · 0,1 dl geschmolzene Butter (zum Übergießen)*

Sauce

*2,5 dl Fischfond · 1 dl Weißwein · 0,8 dl Noilly
Prat · 2 g feingehackte Schalotte · 2 dl Sahne ·
100 g Butter (zum Binden) · Salz · frischgemahlener Pfeffer · 150 g junger zarter Lauch,
gutgewaschen und in 5 cm lange Stücke
geschnitten*

Die sorgfältig filetierte Lachsforelle wird enthäutet und in
4 gleiche Stücke geschnitten. Man legt die mit Salz und Pfeffer gewürzten Fischstücke in einen geeigneten Topf und
fügt Weißwein und Fischbrühe hinzu. Zum Kochen bringen,
zudecken und im Backofen pochieren. Der Fisch muß rosa
bleiben. Wenn er gar ist, wird er herausgenommen und
warm gestellt.
Der Sud wird zur Hälfte eingekocht, durchgeseiht und für
die Sauce verwendet.
Die Sauce wird folgendermaßen zubereitet:
Man läßt Fischfond, Noilly Prat und Weißwein einkochen,
fügt die Sahne hinzu und läßt weiter einkochen, bis die gewünschte Konsistenz erreicht ist. Der passierte Sud der
Lachsforelle wird beigegeben und die Sauce sorgsam mit
Butter gebunden.
Man blanchiert die Lauchstücke kurze Zeit und gibt sie hinzu. Mit Salz und Pfeffer abschmecken.
Die Fischstücke richtet man in der Mitte der Lauchsauce an
und beträufelt sie mit geschmolzener Butter. Sofort auftragen.

Lachsforelle mit Lauch II

*1 Lachsforelle (1 kg) · 20 g Butter (zum
Einfetten des Backblechs) · Salz · frischge-
mahlener weißer Pfeffer · Lauchsauce (siehe
Rezept Seite 103) · 0,1 dl geschmolzene
Butter (zum Übergießen)*

Man enthäutet die sorgsam filetierte Lachsforelle und
schneidet sie in ungefähr 1,5 cm dicke und 5 bis 7 cm lange
Stücke.

Die mit Salz und Pfeffer gewürzten Fischstücke legt man
aufs eingefettete Backblech und setzt sie auf jeder Seite 2
bis 3 Minuten starker Hitze aus, entweder der Oberhitze des
Backofens oder unter dem Grill. Der Fisch muß rosa bleiben.

Der Fisch wird in dieselbe Sauce gelegt wie im Rezept Seite 103, mit geschmolzener Butter übergossen und sofort serviert.

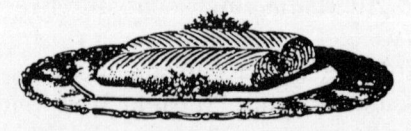

Bachforelle mit Schnittlauch

Filets des danseuses
de rivière à la ciboulette

6 frische Regenbogenforellen (je 180 g) ·
10 g Lauch, in kleine Stücke geschnitten ·
5 g Sellerie, in kleine Stücke geschnitten ·
Salz · frischgemahlener weißer Pfeffer ·
1,5 dl trockener Weißwein · etwas Maismehl
(Maizena) · 150 g Butter (zum Binden) ·
feingehackter Schnittlauch · etwas
Cayennepfeffer

Die Forellen werden aufgeschnitten und sorgfältig mit einem scharfen Messer filetiert. Zuerst legt man die Lauch- und Selleriestückchen in einen gefetteten Topf, dann den gewürzten Fisch. Mit Weißwein auffüllen, mit Pergament bedecken und pochieren. Man nimmt die Fischfilets heraus, enthäutet sie und stellt sie warm.

Die Brühe wird eingekocht, bis sie fast geliert. Mit etwas Maismehl binden und vom Feuer nehmen. Die Butter wird allmählich hineingerührt, wenn nötig, etwas Weißwein beigegeben.

Zum Schluß kommt der feingehackte Schnittlauch in die Sauce, und man würzt sie mit Salz, weißem Pfeffer und Cayennepfeffer.

Man richtet die Forellenfilets auf dem Teller an und bedeckt sie mit der sehr leichten Sauce. Sofort auftragen.

Anmerkung

Wenn zum Schluß die Butter hineingerührt wird, darf das Kochgefäß weder zu heiß noch zu kalt sein, sonst gerinnt die Sauce.

Seezungenfilet mit Garnelen

Suprême de sole Philippe

*2 Seezungen (ungefähr je 400 g) · 10 g Butter ·
2 g feingehackte Schalotte · Salz · frischgemahlener Pfeffer · 1 dl trockener Weißwein ·
1 dl Fischfond · 4 dl Sahne · 0,2 dl Armagnac
· 80 g Butter (zum Binden) · 12 Garnelen
mit Kopf · 60 g Champignons, in dicke Scheiben
geschnitten und pochiert · Blätterteiggebäck in Seesternform*

Der filetierten Seezunge wird die Haut auf beiden Seiten abgezogen.

Das Kochgefäß wird mit Butter eingerieben und mit der
Schalotte bestreut. Man würzt die Seezungen mit Salz und
Pfeffer, faltet die Filets zusammen und legt sie nebeneinan-
der in den Topf. Weißwein und Fischbrühe hinzufügen, mit
Pergamentpapier bedecken und im Ofen pochieren.

Der Fisch wird herausgenommen und warm gestellt, der
Sud eingekocht.

Man gibt die Sahne hinzu und läßt sie bis zur gewünschten
Konsistenz einkochen. Armagnac beifügen, mit der Butter
binden und mit Salz und Pfeffer würzen.

Die Seezunge wird auf dem Teller mit der Sauce bedeckt.
Die in der Brühe gewärmten Garnelen, die blanchierten
Champignons und die frischgebackenen Blätterteig-Fleurons
dienen als Garnitur.

Seezungen- und Hummertimbale
Eugène Käufeler

Timbale de sole Eugène Käufeler

Eugène Käufeler war 42 Jahre lang im Hotel Dorchester tätig, die letzten 26 Jahre als Küchenchef. Er wählte mich zu seinem Nachfolger. Er schuf dieses Fischgericht, dessen Name sein Andenken hochhält.

500 g filetierte Seezunge, in dicke Streifen
geschnitten · Salz · frischgemahlener Pfeffer ·
10 g Hummerbutter (Rezept Seite 59) ·
10 g feingehackte Schalotte · 60 g Champignons,
in Scheiben geschnitten · 80 g Hummer-
fleisch · 1 dl Sherry · 1 dl Weißwein ·
2 dl Hummersauce (Rezept Seite 52) ·
2 dl Sahne · 4 halbe Hummerscheren ·
4 Trüffelscheiben

Die Schalotte wird in der Hummerbutter gedünstet. Man gibt die gewürzten Seezungenstücke hinzu und läßt sie 1 Minute schmoren. Dann werden Champignons und Hummerfleisch beigefügt; mit Sherry und Weißwein ablöschen.
Seezunge, Hummer und Champignons werden herausgenommen und warm gestellt.
Man fügt Hummersauce und Sahne hinzu und läßt die Sauce bis zur gewünschten Konsistenz einkochen.
Dann füllt man Seezunge, Hummer und Champignons in Förmchen (Timbale) und bedeckt sie mit der gewürzten Sauce.
Mit den warmen Hummerscheren und den Trüffelscheiben garnieren.

Anmerkung
Dazu reicht man vorzugsweise Reispilaw.

Seezungenröllchen mit Räucherlachs

Paupiettes de sole Montrose

2 Seezungen (je ungefähr 350 g) · 8 dünnge-
schnittene Räucherlachsscheiben · 20 g Butter ·
2 g feingehackte Schalotte · 20 g Karotten ·
20 g Lauch · 20 g Sellerie · 2 dl Weißwein ·
0,5 dl Noilly Prat · 1 dl Fischfond · 3 dl Sahne ·
1 dl Hummersauce (Rezept Seite 52)

Die auf beiden Seiten enthäutete Seezunge wird filetiert.
Man klopft sie vorsichtig flach, würzt sie mit Salz und Pfeffer und legt die Räucherlachsscheiben darauf. Die Filets
werden zusammengerollt und mit einem Zahnstocher zu-
sammengehalten.
Eine geeignete Kasserolle wird mit Butter eingefettet und
mit der Schalotte bestreut. Die in Streifen geschnittene Karotte, der Lauch und Sellerie werden hineingelegt. Darauf
kommen die Seezungenröllchen. Fischfond, Weißwein und
Noilly Prat hinzufügen und zugedeckt im Ofen pochieren.
Die Röllchen und das Gemüse nimmt man heraus und stellt
sie warm.
Die Brühe wird eingekocht. Dann fügt man Sahne und
Hummersauce hinzu und läßt bis zur gewünschten Konsistenz einkochen. Das Gemüse wird der Sauce beigefügt, und
man schmeckt mit Salz und Pfeffer ab. Die Seezungenröllchen mit der leichten Sauce bedecken.

Seezungenstreifen mit Orange und grünem Pfeffer

Goujons de sole aux oranges et poivre vert

8 Seezungenfilets à 70 g, in Streifen geschnitten (je Streifen ungefähr 10 g) · Salz · frisch-gemahlener Pfeffer · etwas feingehackte Orangenschale · 10 g Butter · 0,5 dl Fischfond · 0,4 dl Weißwein (leicht süß) · 0,5 dl Noilly Prat · 20 grüne Pfefferkörner · 60 g weiße Rübe, in der Größe einer Knoblauchzehe ge-schnitten und blanchiert · 40 g Butter (zum Binden) · 2 Orangen, geschält und zer-teilt · 8 kleine Basilikumblätter

Die Seezungenstreifen werden mit Salz, Pfeffer und etwas gehackter Orangenschale mariniert.

Ins gebutterte Kochgefäß kommen Seezunge, Fischbrühe, Weißwein und Noilly Prat. Im zugedeckten Topf pochiert man die Seezunge auf jeder Seite ungefähr $1\frac{1}{2}$ Minuten lang, bis sie glasiert. Dann nimmt man den Fisch heraus und stellt ihn warm.

Die Brühe läßt man zur gewünschten Konsistenz einkochen, bevor man die grünen Pfefferkörner und die blanchierte Rübe beigibt. Sehr sorgfältig mit Butter binden und nach Geschmack mit Salz und Pfeffer würzen.

Die Seezungenstücke werden in die Sauce gelegt und die Orangenfilets beigegeben. Die hübsch arrangierte Speise wird mit Basilikumblättern garniert und sofort aufgetragen.

Gefüllte Steinbuttschnitten
mit Krebsen

Tronçon de turbot soufflé aux écrevisses
(Abb. Seite 80)

4 Steinbuttstücke (je 130 g) · 160 g Hecht-
mousseline (Rezept Seite 42) · 5 g Butter ·
2 g feingehackte Schalotte · Salz · frisch-
gemahlener Pfeffer · 1 dl Noilly Prat ·
3 dl Fischfond · 3 dl Sahne · 40 g Butter (zum
Binden) · 4 g Kerbelzweiglein · 100 g Gurke,
entwässert und blanchiert · 4 Flußkrebse ·
4 Trüffelscheiben · 4 Blätterteigmonde

Man entgrätet die Steinbuttstücke und füllt sie mit der
Hechtmousseline. Der mit Butter eingeriebene Kochtopf
wird mit Schalotte bestreut, bevor man die gewürzten Steinbuttstücke hineinlegt. Fischbrühe und Noilly Prat zugießen,
zudecken und im Ofen pochieren. Man nimmt den Fisch
heraus, läßt den Sud einkochen, fügt die Sahne hinzu und
läßt bis zur gewünschten Konsistenz weiter einkochen.
Sorgsam mit Butter binden. Dann fügt man den Kerbel hinzu und schmeckt mit Salz und Pfeffer ab.
Die Steinbuttstücke werden enthäutet, angerichtet und mit
der Sauce bedeckt. Man garniert das Gericht mit den in der
Brühe gewärmten Krebsschwänzen und den Blätterteighalbmonden.

Anmerkung
Der Hechtmousseline kann man Stückchen von Muscheln,
Hummer, Garnelen oder Trüffeln beifügen.

Steinbutt mit Austern

Filet de turbot aux huîtres

4 Steinbuttfilets (je 180 g) · Salz · Pfeffer ·
15 g Butter · 5 g feingehackte Schalotte ·
1 dl Champagner · Saft von ¼ Zitrone ·
16 Austern · 20 g Karotte · 20 g Lauch ·
20 g Stangensellerie · 60 g Butter (zum Binden)

Der eingefettete Topf wird mit der Schalotte bestreut und der gewürzte Fisch hineingelegt. Man fügt Champagner und Zitronensaft hinzu, bedeckt den Topf und pochiert die Steinbuttfilets sorgfältig im Ofen.

Der Fisch wird dann herausgenommen und warm gestellt.

Man öffnet die Austern, entfernt den Bart und seiht das Austernwasser durch ein Tuch oder ein Haarsieb. Die Austern läßt man im eigenen Wasser liegen, bis sie gebraucht werden.

Das Julienne-Gemüse aus Karotte, Lauch und Stangensellerie dünstet man in Butter, ohne es zu bräunen. Man löscht es mit der Fischbrühe ab und fügt die Austern mitsamt ihrem Wasser hinzu. Die Austern etwa 15 Sekunden lang in der Brühe pochieren (nicht aufkochen lassen) und warm halten.

Die Brühe wird zur Hälfte eingekocht und vom Feuer genommen. Sorgfältig mit Butter binden.

Man schmeckt die Sauce mit Salz und Pfeffer ab, legt die Steinbuttfilets beim Anrichten darauf und garniert mit den Austern. Sofort auftragen.

Steinbutt mit Mark

Suprême de turbot à la moëlle

4 Steinbuttfilets (je 150 g) · Salz · frischge-
mahlener Pfeffer · 0,3 dl Erdnußöl · 80 g Butter ·
160 g Rindermark, in Würfel geschnitten ·
30 g Weißbrotbrösel · etwas gehackte Petersilie
0,3 dl Weißwein · 4 Zitronenviertel

Die gewürzten Steinbuttfilets werden in dem Öl und etwas
Butter gebraten.
Man vermischt Mark, Brotkrumen, Petersilie und Weißwein
und würzt mit Salz und Pfeffer.
Diese Mischung wird gleichmäßig auf die Fischfilets gestrichen.
Man läßt sie unter dem Grill glasieren.
Die Fischfilets werden auf einer Platte arrangiert. Man
übergießt sie mit der restlichen Butter, die braun und
schäumend sein soll. Mit Zitronenvierteln garnieren und sofort auftragen.

Steinbuttfilets mit Senfsauce

Blanc de turbot parfumé à la moutarde

4 Steinbuttfilets (je 160 g) · Salz · frisch-
gemahlener Pfeffer · 20 g Butter · 2 dl Weißwein ·
1 dl Fischfond · 2 g feingehackte Schalotte ·
2 dl Sahne · 60 g Butter (zum Binden) ·
5 g Dijon-Senf · 30 g Sahne · etwas Zitronen-
saft · 4 Blätterteighalbmonde

Die gewürzten Steinbuttfilets legt man mit der Schalotte in
den eingefetteten Topf. Man gießt Weißwein und Fischbrühe dazu und pochiert den Fisch im Ofen.

Grilliertes Rinderkotelett mit Kräutern ▶
Côte de bœuf marinée aux herbes du jardin
Rezept Seite 143

Wenn er gar ist, wird er herausgenommen und warm gestellt.

Die Fischbrühe wird eingekocht, die Sahne beigefügt und alles bis zur gewünschten Konsistenz weiter eingekocht.

Allmählich Butter und Senf hineinrühren. Dann zieht man die Sahne darunter und würzt die Sauce mit Salz, Pfeffer und ein wenig Zitronensaft.

Der Fisch wird mit der Sauce bedeckt und unter dem Grill gebräunt. Mit den Blätterteighalbmonden garnieren.

Steinbutt mit Safran

Goujons de turbot au safran

*700 g Steinbuttfilets · 5 g Butter · 2 g fein-
gehackte Schalotte · 25 Safranfäden ·
0,5 dl trockener Weißwein · 0,4 dl Noilly Prat ·
0,8 dl Fischfond · 1,5 dl Sahne · 30 g Tomate,
in Würfel geschnitten · 100 g Gurke, rund
ausgestochen und blanchiert · einige Estragonblätter ohne Stiel · 50 g Butter (zum Binden) ·
ein paar Tropfen Pernod*

Die Fischfilets schneidet man in Streifen (je 15 g).

Schalotte und Safran dünstet man in der geschmolzenen Butter. Mit Weißwein, Noilly Prat und Fischbrühe ablöschen.

Dahinein kommen die gewürzten Steinbuttstreifen, die man etwa 5 Minuten ziehen läßt (nicht zum Kochen bringen).

Den Fisch herausnehmen und warm stellen.

Die Brühe wird eingekocht, die Sahne hinzugefügt und bis zur gewünschten Konsistenz weiter eingekocht. Man fügt der Sauce die Tomatenwürfel und die blanchierten Gurken zu und würzt sie nach Geschmack mit Estragon.

Mit Butter binden und mit ein wenig Pernod sowie Salz und Pfeffer abschmecken. Man mischt die Steinbuttstreifen mit der Sauce und trägt das Gericht sofort auf.

◄ Kalbsmignons mit Sauerampfersauce
Mignons de veau à l'oseille
Rezept Seite 149

Heilbutt mit Trauben und Nüssen

Epigramme de flétan Maître Jules

4 Heilbuttfilets (je 150 g) · Salz · frischge-
mahlener Pfeffer · 1 dl Öl · 4 Jakobsmuscheln,
in Scheiben geschnitten · 2 Seezungenfilets
à 60 g, in Streifen geschnitten · 4 Garnelen
ohne Schale · 50 g Butter · 4 Flußkrebse ohne
Schale · 20 weiße Muskatellertrauben, geschält
und entkernt · 20 g Walnüsse, geschält und
halbiert · etwas gehackte Petersilie

Die gewürzten Heilbuttfilets werden in Öl gebraten, bis sie
goldbraun sind.
Die gewürzten Muscheln, Seezungenstreifen und Garnelen
brät man in brauner Butter und fügt dann Krebsschwänze,
Weinbeeren und Walnüsse hinzu.
Die vier Flußkrebse dienen — wie auch die Petersilie — als
Garnitur.

Anmerkung
Die Besonderheit dieses Gerichts ist durch Kombination von
Fisch, Walnüssen und Weintrauben bedingt.

Heilbuttrouladen in Salatblättern

Filet de flétan en laitue

4 Heilbuttfilets (je 160 g) · Salz · frischge-
mahlener Pfeffer · 8 Salatblätter, blanchiert ·
2 g feingehackte Schalotte · 20 g Butter ·
40 g Lauch · 40 g Karotte · 40 g Sellerie ·
1,5 dl Weißwein · 3 dl Fischfond · 3 dl Sahne ·
40 g Butter (zum Binden)

Die Heilbuttfilets werden zusammengerollt und mit je 2 Salatblättern umwickelt.

Schalotte und Heilbuttrouladen kommen in einen Topf, darauf die Julienne aus Lauch, Karotte und Sellerie. Man füllt mit Weißwein und Fischbrühe auf, deckt den Topf zu, bringt alles kurz zum Kochen und pochiert dann im Ofen.

Fisch und Julienne werden herausgenommen und warm gestellt.

Man kocht den Sud ein, fügt Sahne hinzu und kocht weiter ein, bis die gewünschte Konsistenz erreicht ist.

Mit Butter binden und mit Salz und Pfeffer abschmecken.

Fisch und Gemüse werden mit der Sauce bedeckt.

Anmerkung
Wenn die blanchierten Salatblätter leicht bitter werden, erhält das Gericht einen angenehmen Geschmack. Es ist wichtig, daß die Julienne knusprig bleibt.

Schellfisch mit Tomaten

Suprême d'aigrefin Elysée

4 Haddockfilets zu je 160 g (leicht gesalzener und geräucherter Schellfisch) · 2 g fein-gehackte Schalotte · 1 dl trockener Weißwein · 2 dl Fischfond · 20 g Butter · 100 g Tomaten, in Würfel geschnitten · etwas gehackte Petersilie · 60 g Butter (zum Binden) · 4 dl Sahne · Salz · frischgemahlener Pfeffer · 12 grüne Spargelspitzen, blanchiert

Die geputzten Schellfischfilets werden in einem gefetteten Topf zusammen mit Schalotte, Weißwein und Fischfond pochiert. Dann nimmt man sie heraus und kocht den Sud ein. Man fügt die Sahne hinzu und kocht weiter ein bis zur gewünschten Konsistenz.
Tomate und Petersilie hinzufügen und mit Butter binden. Mit Salz und Pfeffer abschmecken. Die Sauce wird über den Fisch gegossen.
Mit den in Butter gewärmten Spargelspitzen wird garniert.

Seeteufel mit Schnittlauchsauce

Grenadins de baudroie à la sauce verte

1 Seeteufel (1,5 kg) · 10 g Butter · 2 g Schalotte · Salz · frischgemahlener Pfeffer · 2 dl trockener Weißwein · 2 dl Fischfond · 80 g Butter (zum Binden) · 20 g Schnittlauch, mit etwas Sud püriert

Man enthäutet den Seeteufel sorgfältig, entfernt dunkle Flecken und löst das Fleisch von dem Knorpel in der Mitte des Fisches. Die geputzten Filets schneidet man in 16 Stücke zu je 40 g.

Das eingefettete Kochgefäß wird mit der Schalotte bestreut. Man legt die gewürzten Fischstücke hinein und gießt Weißwein und Fischfond dazu.

Mit Pergamentpapier bedecken und 8 bis 10 Minuten lang im Ofen pochieren.

Dann werden die Fischstücke herausgenommen und warm gestellt.

Die Brühe wird um die Hälfte eingekocht und mit der Butter, die nicht zu weich sein darf, gebunden. Nun fügt man den pürierten Schnittlauch hinzu, passiert die Sauce durch ein feines Sieb und schmeckt sie mit Salz und Pfeffer ab.

Die Sauce kommt in eine vorgewärmte Schüssel, und die Fischstücke werden hineingelegt. Sofort auftragen.

Gegrillter Seeteufelschwanz mit frischen Kräutern

Queue de baudroie grillée aux herbes

*4 Seeteufelschwänze (je 200 g, ohne Gräten) ·
1 dl Olivenöl · 8 g Kräutermischung (Dill,
Basilikum, Thymian, Majoran) · Knoblauch ·
Salz · frischgemahlener Pfeffer · etwas
Petersilie · 1,5 dl geschmolzene Butter*

Die geputzten, enthäuteten Seeteufelschwänze mariniert man eine Stunde lang in dem Öl, dem man die Kräutermischung und Knoblauch beigibt.

Dann nimmt man sie aus der Marinade, würzt sie mit Salz und Pfeffer und grillt sie auf beiden Seiten. Dabei muß man achtgeben, daß die Kräuter nicht anbrennen.

Mit Petersilie garnieren. Die weiße Butter wird für sich in der Sauciere serviert.

Seeteufelschwanz mit schwarzen Pfefferkörnern

Queue de baudroie au poivre noir

*800 g Seeteufelschwanz, in Scheiben ge-
schnitten · einige zerstoßene schwarze Pfefferkörner · 20 g Butter · 5 g feingehackte
Schalotte · 2 dl Weißwein · 3 dl Sahne ·
15 g Fischglace · 10 g Butter · Salz · Cayennepfeffer · 20 g kleine Morcheln · 4 Blätterteighalbmonde*

Man würzt die Fischstücke mit den gestoßenen Pfefferkörnern und mit Salz und dünstet sie zusammen mit der Schalotte in Butter, ohne sie zu bräunen. Mit Weißwein ablöschen und einkochen lassen.
Man fügt Sahne und Fischglace hinzu und läßt das Ganze
im zugedeckten Topf 6 bis 7 Minuten lang ziehen. Dann
werden die Fischstücke herausgenommen und warm gestellt.
Die Sauce wird bis zur gewünschten Konsistenz eingekocht.
Mit Salz und Cayennepfeffer würzen und den Fisch mit der
Sauce anrichten. Mit geschmorten Morcheln und frischgebackenen Blätterteighalbmonden garnieren.

Petersfisch mit Weißweinsauce und Tomaten

Filets de St-Pierre sans nom

*2 Petersfische (ungefähr 1,5 kg) ·
30 g Butter · Salz · frischgemahlener Pfeffer ·
0,5 dl trockener Weißwein · 1,5 dl Fischfond ·
etwas Zitronensaft · 160 g gedünstete Tomatenwürfel (Rezept Seite 60)*

Sauce

0,6 dl Noilly Prat · 0,6 dl trockener Weißwein ·
0,5 dl Fischfond · 2 Eigelb · etwas Zitronen-
saft · 2 g feingehackter Schnittlauch ·
Salz · frischgemahlener weißer Pfeffer ·
Cayennepfeffer

Die Petersfische werden gründlich gewaschen und sorgfältig filetiert. Dann entfernt man die Haut.

Die mit Salz und Pfeffer gewürzten Filets kommen ins eingefettete Kochgefäß, das man mit Weißwein, Fischbrühe und Zitronensaft auffüllt. Mit Pergamentpapier bedecken, zum Kochen bringen und im Ofen 3 bis 4 Minuten lang pochieren, bis der Petersfisch gar ist. (Petersfisch, auch Heringskönig genannt, wird sehr schnell trocken, wenn man den Garpunkt überschreitet.) Die Filets werden herausgenommen und warm gestellt.

Man kocht den Sud ein wenig ein, seiht ihn durch und vermischt ihn mit der Sauce, die folgendermaßen zubereitet wird:

Man kocht Noilly Prat, Weißwein und Fischbrühe um die Hälfte ein, läßt ein wenig abkühlen und schlägt die Flüssigkeit mit den Eigelb im Wasserbad zusammen, bis sie schaumig ist. Zitronensaft, Schnittlauch, Salz, Pfeffer und Cayennepfeffer nach Geschmack beifügen. Die gutgewürzten heißen Tomaten werden auf einem Teller angerichtet. Darauf legt man die Fischfilets, die mit der Sauce bedeckt werden. Sofort auftragen.

Rotbarbe mit Vinaigrette

Filets de rouget à la vapeur sous cloche

*8 Rotbarben (je ungefähr 160 g) · Salz · frisch-
gemahlener Pfeffer · 20 g Karotte, gerieft
und in Scheiben geschnitten · 20 g feingehackte
Zwiebel · 8 kleine Basilikumblätter*

Vinaigrette

*0,5 dl Rotweinessig · 1 dl Olivenöl · 5 g fein-
gehackt Schalotte · etwas Petersilie und
Basilikum · Salz · frischgemahlener Pfeffer*

Die ausgenommenen und gründlich gewaschenen Barben
werden sorgfältig filetiert. An der Hautseite eines jeden Filets schneidet man mit einem scharfen Messer drei Kerben
ein.
Die gewürzten Filets werden ungefähr 3 bis 4 Minuten im
Dampf gegart. Man richtet sie mit der Hautseite nach oben
auf einem Deckelgeschirr an.
Sie werden mit der Vinaigrette bedeckt und mit den blanchierten Karottenscheiben, der feingehackten Zwiebel und
den Basilikumblättern garniert.

Anmerkung
Dieses Fischgericht kann auch als Vorspeise verwendet werden. In diesem Fall nimmt man die Hälfte der Zutaten.

Eglifilet (Barsch) mit Gemüse

Filets des perches aux petites légumes

*1,8 kg Barsch (ergibt ungefähr 800 g Filet) ·
20 g Butter · 4 g feingehackte Schalotte ·
20 g Karotten · 20 g Lauch · 20 g Sellerie ·
2 dl trockener Weißwein · 2 dl Fischfond ·
3 dl Sahne · 50 g Butter (zum Binden) · feingehackter Schnittlauch · Salz · frischgemahlener Pfeffer*

Der Fisch wird enthäutet, filetiert und gründlich gewaschen.

Man legt Schalotte und das in Streifen geschnittene Gemüse in das eingefettete Kochgefäß. Darauf kommen die gewürzten Barschfilets.

Man fügt Weißwein und Fischfond hinzu, bedeckt mit Pergamentpapier, läßt kurz aufkochen und pochiert dann im Ofen 3 bis 4 Minuten lang.

Die Filets herausnehmen und warm stellen.

Der Sud wird eingekocht, die Sahne beigefügt und alles bis zur gewünschten Konsistenz weiter eingekocht.

Allmählich die Butterstückchen hineinarbeiten, Schnittlauch dazugeben, mit Salz und Pfeffer abschmecken.

Anmerkung
Gekochte Kartoffeln sind die beste Garnitur zu diesem zarten Fischgericht.

Hechtklößchen mit Weißweinsauce
à la Mère Olga

Quenelles de brochet Mère Olga

250 g Hecht ohne Haut · 1 Eiweiß · 2,5 dl Sahne ·
1 l Fischfond · 200 g Spinat, blanchiert ·
40 g Butter · 5 g feingehackte Schalotte ·
100 g Champignons, in Scheiben geschnitten ·
2 dl Krebssauce (Rezept Seite 52) ·
2 dl Weißweinsauce (Rezept siehe unten) ·
4 halbe Krebsschwänze · 8 Trüffelscheiben ·
Blätterteiggebäck mit Kaviarfüllung

Weißweinsauce

10 g feingehackte Schalotte · 5 g Butter ·
1 dl Weißwein (Chablis) · 0,2 dl Fischbrühe ·
0,2 dl Noilly Prat · 1 dl Sahne · 40 g Butter
(zum Binden) · Salz · frischgemahlener Pfeffer

Man passiert das Hechtfleisch, stellt es in einer Schüssel auf Eis, würzt es und rührt das Eiweiß hinein. Unter fortwährendem Rühren wird die Sahne darunter gezogen. Die Masse durch ein Sieb streichen. Mit zwei Löffeln formt man 8 gleichgroße Klöße, die in der gutgewürzten Fischbrühe sorgfältig pochiert werden.

Den Spinat dünstet man zusammen mit Schalotte und Champignons in Butter.

Die Klöße werden auf dem Spinat angerichtet. Die eine Hälfte bedeckt man mit Krebssauce, die andere mit Weißweinsauce.

Die als Garnitur dienenden Fleurons schneidet man in warmem Zustand auf, füllt sie mit Kaviar und setzt das Deckelchen schief darauf. Sie müssen sofort aufgetragen werden.

Die Weißweinsauce wird folgendermaßen zubereitet:

Man dünstet die Schalotte in Butter, fügt Weißwein, Noilly Prat und Fischbrühe hinzu und läßt fast vollständig einkochen. Durch ein Haarsieb streichen, Sahne beifügen und im Mixer pürieren. Die in Würfel geschnittene Butter kommt hinzu und wird mitpüriert. Mit Salz und Pfeffer abschmekken.

Felchenfilets mit Champignons und Tomaten

Filet de féra Marie-Louise

*4 Felchen à 200 g · 10 g Butter · 2 g fein-
gehackte Schalotte · 2 dl Weißwein · 1 dl Fisch-
fond · 3 dl Sahne · 15 g Champignonpüree
Duxelles (Rezept Seite 200) · 80 g Tomaten, in
Filets geschnitten · 4 Blätterteig-Fleurons ·
Salz · Pfeffer aus der Mühle*

Die frischen Felchen sorgfältig filetieren und von den Gräten befreien. Ein passendes Geschirr mit Butter ausstreichen, Schalotten einstreuen, die gewürzten Felchenfilets mit Weißwein und Fischfond zugedeckt pochieren. Dann die Fische herausnehmen, den Fond reduzieren und mit der Sahne auffüllen. Das Ganze zur gewünschten Dicke einkochen lassen und mit Salz und Pfeffer abschmecken.
Die Felchenfilets werden mit der gut abgeschmeckten heißen Duxelles bestrichen, angerichtet und mit der feinen Sauce nappiert.
Die in Butter erwärmten Tomatenfilets obenauf garnieren.
Blätterteig-Fleurons separat dazu servieren.

Hechttimbale à la Palace

Timbale de brochet Palace

*600 g Hechtmousseline (Rezept Seite 42) ·
80 g gekochter und gehackter Spinat ·
10 g roher Hummerrogen · Salz · frischgemahlener weißer Pfeffer · etwas Cayennepfeffer ·
4 Champignonköpfe · 5 g Butter*

Sauce

*1 dl Weißwein · 0,5 dl Noilly Prat · 4 dl Sahne ·
einige Basilikumblätter · Salz · frischgemahlener weißer Pfeffer*

Die Hechtmousseline wird auf drei Schüsseln verteilt. Einen
Teil mischt man mit Spinat, den zweiten mit Hummerrogen.
Man füllt eingefettete Förmchen schichtweise: eine Lage
Hechtmousseline, dann die grüne Spinatlage, zuoberst die
rote Rogenlage.
Ungefähr 15 Minuten lang im Ofen im Wasserbad pochie-
ren. Es ist ratsam, die Förmchen danach etwa 5 Minuten ru-
hen zu lassen, weil sich die Masse dann leichter von der
Form löst.
Die gestürzten Timbale werden in der Sauce angerichtet.
Als Garnitur legt man die in Butter geschwenkten Champi-
gnonköpfe darauf.
Die Sauce wird folgendermaßen zubereitet:
Weißwein und Noilly Prat einkochen lassen, die Sahne hin-
zufügen und weiter einkochen. Mit gehackten Basilikumblättern, Salz und Pfeffer würzen.

Grüner Aal

Anguilles vertes

*1 kg frische Aale · 10 g junge Brennesselblätter ·
10 g Bibernellblätter · 5 g geriebener Ingwer ·
100 g feingehackter Spinat · 50 g Sauerampfer,
in Butter gedünstet · 30 g Brunnenkresse,
in Butter gedünstet · 2 g Estragon · 5 g feingehackter Kerbel · 5 g feingehackte Petersilie ·
0,2 dl Olivenöl · Salz · frischgemahlener Pfeffer*

Die Aale werden enthäutet und in 5 bis 6 cm lange Stücke
geschnitten.

Brennessel, Bibernelle und Ingwer gießt man mit etwas kochendem Wasser auf, läßt 20 Minuten lang ziehen und seiht
den Aufguß durch ein Tuch.

Die zubereiteten Kräuter und der Spinat werden püriert.
Man fügt den Aufguß hinzu und läßt die Flüssigkeit auf ein
Drittel einkochen.

Die Aalstücke werden in Öl gebraten, bis sie goldbraun sind.
Man entfernt das Fett und gibt statt dessen die Sauce dazu.
Zudecken und ungefähr 10 Minuten lang kochen lassen.
Nach Geschmack nachwürzen und in einer Schüssel auftra-
gen.

Schalen-
und Muscheltiere

Muscheln

Außerhalb des Wassers leben Muscheln noch 30 bis 36 Stunden. Es empfiehlt sich, nur geschlossene Muscheln zu kaufen. Nachdem man sie geöffnet hat, beklopft man die Schale, so daß die Muschel leicht vibriert. Diese Frischeprobe ist zuverlässig. Eine andere Probe kann man mit Salz machen: Die Muschel sollte sich sofort bewegen, wenn man Salz darauf streut.

Hummer

Hummerweibchen von den britischen, irischen und schottischen Küsten haben den besten Geschmack. Sie sind bläulichweiß oder hellblau mit weißen Flecken. Das Weibchen schmeckt besser; das Männchen braucht seine Scheren häufiger, bewegt sich überhaupt mehr als das Weibchen und vergißt wegen seiner ständigen Liebesaffären oft das Fressen. All das ist natürlich dem guten Geschmack seines Fleisches abträglich. Abgesehen davon enthält der Kopf des Weibchens einen sehr delikaten Fleischstreifen. Befruchtete Weibchen haben den besten Hummergeschmack. Um das Geschlecht festzustellen, vergleicht man die untere Schale: Die des Weibchens ist größer, weil sie die Eier enthält. Das Idealgewicht ist 800 bis 900 g.

Austern

Die größten Austern sind keineswegs die besten. Als die besten werden die Belon aus dem gleichnamigen Fluß angesehen. Den unterhalb der Schale liegenden Mantel und die Kiemen bezeichnet man als Bart. Wenn möglich, sollte man Austern 15 Minuten vor dem Essen öffnen.

Krebse

Am schmackhaftesten ist der Flußkrebs mit roten Beinen, der dunkler und fleischiger ist und kürzere Scheren hat als die weißbeinigen Krebse, die in stehenden Gewässern leben. Die meisten rotbeinigen Flußkrebse kommen heute aus Polen.

Rendez-vous der Meeresfrüchte

Rendez-vous de fruits-de-mer
à la crème de basilic
(Abb. Seite 81)

Der Name Rendez-vous läßt dem Koch viel Spielraum. Dabei gibt es keine Begrenzung, und die Kombinationsgabe kann sich frei entfalten. Außerdem ist man nicht an die Jahreszeit gebunden, da es gestattet ist, die Meeresfrüchte auszutauschen, so daß man dem Gast stets die frischesten Produkte vorsetzen kann.

4 Jakobsmuscheln mit Schale (120 g netto) ·
8 Garnelen ohne Schale · 140 g Salm, längs in
Stücke geschnitten (je 15 g) · 140 g Stein-
butt, längs in Stücke geschnitten (je 15 g) ·
4 Austern in der Schale · 20 g Lauch ·
20 g Karotten · 20 g Sellerie · 20 g Butter ·
2 dl Fischfond · 2 dl trockener Weißwein ·
4 dl Sahne · 0,4 dl Noilly Prat · 12 Basilikum-
blätter, in Streifen geschnitten · 60 g Butter
(zum Binden) · Salz · frischgemahlener Pfeffer ·
Cayennepfeffer

Man öffnet die Jakobsmuscheln mit einem kleinen starken Messer und legt sie ein paar Minuten auf die heiße Herdplatte, damit sie sich vollständig öffnen. Muschelfleisch und Rogen werden mit einem Suppenlöffel herausgenommen. Man trennt beides sorgfältig und wäscht alles gründlich. Dann schneidet man sie in Hälften und legt sie auf ein trockenes Tuch.

Garnelen, Salm- und Steinbuttstücke werden gewürzt.

Man öffnet die Austern, nimmt sie heraus, entfernt den Bart und stellt sie im eigenen Wasser beiseite.

Man dünstet die in dünne Streifen geschnittenen Lauch, Karotte und Sellerie in Butter, fügt Steinbutt und Garnelen hinzu und dünstet weiter.

Salm und Muscheln werden zuletzt dazugegeben; dann füllt man mit Fischbrühe und Weißwein auf, bringt zum Kochen und läßt alles 2 Minuten lang ziehen.

Danach werden Meeresfrüchte und Gemüsestreifen herausgenommen und warm gestellt.

Man läßt den Sud einkochen, fügt Sahne und Noilly Prat hinzu und läßt noch ein wenig einkochen.

Meeresfrüchte und Gemüse werden in die Sauce gegeben, danach die rohen Austern mitsamt ihrem Wasser und das Basilikumkraut. Mit Butter binden und nach Geschmack mit Salz, Pfeffer und Cayennepfeffer würzen.

Man richtet das Rendez-vous der Meeresfrüchte in Porzellantöpfchen an und serviert sofort.

Kalbskotelett mit pochiertem Ei ▶
Côte de veau Jockey Club
Rezept Seite 155

Meeresfrüchte mit Spinatnudeln

Nouilles vertes aux fruits-de-mer

*320 g Spinatnudeln (Rezept Seite 50) ·
30 g Garnelen ohne Schale · 60 g Seezungenfilets, in Streifen geschnitten · 30 g halbierte
Jakobsmuscheln · 30 g Crevetten ohne Schale ·
60 g Muscheln ohne Schale · Dill, Basilikum,
Petersilie · Zitronensaft · Salz · frischgemahlener Pfeffer · 5 g feingehackte Schalotte ·
0,2 dl Olivenöl · 0,1 dl Cognac · 2 dl Weißwein ·
3 dl Sahne · 30 g Butter · 40 g Hummerbutter (Rezept Seite 59) · 40 g geriebener
Parmesankäse*

Die Spinatnudeln werden in Salzwasser *al dente* gekocht.
Die Meeresfrüchte mariniert man in gehackten Kräutern,
Zitronensaft, Salz und Pfeffer.
Man dünstet die feingehackte Schalotte in Olivenöl, fügt
Seezungenstreifen und Jakobsmuscheln hinzu, flambiert
mit Cognac und läßt 2 Minuten ziehen.
Danach werden Crevetten, Muscheln und Weißwein beige-
geben. Man nimmt die Meeresfrüchte heraus und stellt sie
warm.
Der Sud wird eingekocht; man fügt die Sahne hinzu und
läßt bis zur gewünschten Konsistenz weiter einkochen.
Man gibt die Meeresfrüchte in die Sauce und bindet mit
Hummerbutter. Mit Salz, frischgemahlenem Pfeffer und Zitronensaft abschmecken.
Die Spinatnudeln werden in Butter geschwenkt und zusammen mit Meeresfrüchten und der Sauce angerichtet. Den
geriebenen Parmesankäse serviert man für sich.

◀ Kalbsfilet mit Schnittlauchsauce
Filets de veau à la crème de ciboulettes
Rezept Seite 156

Jakobsmuscheln mit Schnittlauchsauce

Coquilles St-Jacques à la crème de ciboulette

*16 Jakobsmuscheln (480 g netto) · 2 g fein-
gehackte Schalotte · 10 g Butter · 1 dl trockener
Weißwein · 1 dl Gemüsefond · 1 dl Sahne ·
80 g Butter (zum Binden) · 5 g Schnittlauchpüree · Salz · frischgemahlener Pfeffer · etwas
feingehackter Schnittlauch zum Garnieren*

Die aufgestemmten Jakobsmuscheln legt man ein paar Minuten auf die heiße Herdplatte, damit sie sich vollständig
öffnen, und nimmt dann mit einem Schaumlöffel Muschelfleisch und Rogen heraus. Fleisch und Rogen werden sorgfältig voneinander getrennt und gründlich gewaschen.
Man dünstet die Schalotte in Butter und löscht mit dem
Weißwein ab.
In die Flüssigkeit gibt man die gewürzten Muscheln; nicht
länger als 1 Minute ziehen lassen, da sie sonst trocken und
zäh werden. Zum Schluß fügt man den Rogen hinzu.
Aus dem Sud nehmen und warm stellen.
Nun kommen Gemüsefond und Sahne dazu, und man läßt
bis zur gewünschten Konsistenz einkochen.
Allmählich die Butter und das Schnittlauchpüree hinein-
rühren, dann mit Salz und Pfeffer abschmecken.
Die Sauce wird in eine Schüssel gegossen, in die man die
Muscheln legt. Man garniert mit gehacktem Schnittlauch
und legt den Rogen als Garnitur obenauf.

Jakobsmuscheln mit Safransauce

Coquilles St-Jacques au safran

*16 Jakobsmuscheln (480 g netto) · 5 g ge-
hackte Schalotte · 20 g Butter · Salz · frischgemahlener Pfeffer · 1 dl Fischfond · 1 dl Weißwein · 3 dl Sahne · etwas Safranblüte ·
60 g Tomate, in Würfel geschnitten · gehackte
Petersilie*

Man stemmt die Muscheln mit einem starken Messer auf
und legt sie ein paar Minuten auf die heiße Herdplatte, damit sie sich vollständig öffnen. Muscheln und Rogen mit einem Suppenlöffel herausnehmen, sorgfältig voneinander
trennen und gründlich waschen. Die Muscheln werden halbiert und auf ein trockenes Tuch gelegt.
Man dünstet die gehackte Schalotte in Butter, ohne sie
braun werden zu lassen.
Die gewürzten Muscheln und der Rogen kommen hinzu,
dann mit Fischbrühe und Weißwein ablöschen, und alles
1 Minute ziehen lassen. Muscheln und Rogen herausnehmen und warm stellen.
Der Sud wird eingekocht. Man fügt Sahne und Safran bei
und läßt bis zur gewünschten Konsistenz einkochen. Tomatenwürfel und gehackte Petersilie hinzufügen, mit Salz und
Pfeffer abschmecken. Muscheln und Rogen werden in die
Sauce gelegt.

Garnelen mit Hummersauce
Maître Cola

Scampi sautés Maître Cola

Meister Cola war von 1969 bis 1970 zweiter Küchenchef im Palace Hotel von St. Moritz. Eine fantastische Küche! Trüffeln und Gänseleber wurden in großen Mengen verwendet. Allein am Silvesterabend 1969 wurden 50 Kilo Kaviar verbraucht.

2,4 kg Garnelen mit Schale · Salz · frischgemahlener Pfeffer · 5 g feingehackte Schalotte · 20 g Butter · 0,2 dl Cognac · 2 dl Weißwein · 2 dl Hummersauce (Rezept Seite 52) · 3 dl Sahne · 20 g Basilikumbutter (Rezept Seite 59) · 2 mittelgroße Seezungenfilets, in Streifen geschnitten · 1 Ei · Paniermehl · 2 Artischockenböden, in je 4 Teile geschnitten · 1 dl Öl (zum Fritieren)

Die Garnelen werden geschält und der in Butter gedünsteten Schalotte beigefügt. Mit Cognac flambieren.

Mit Weißwein ablöschen, den Topf zudecken und 1 bis 2 Minuten ziehen lassen.

Dann nimmt man die Garnelen heraus und stellt sie warm. Der Sud wird eingekocht. Hummersauce und Sahne hinzufügen und bis zur gewünschten Konsistenz weiter einkochen lassen.

Man rührt die Basilikumbutter hinein und schmeckt mit Salz und Pfeffer ab.

Die Seezungenstücke werden mit Ei und Paniermehl paniert und fritiert, die Artischockenböden aufgewärmt.

Die Garnelen werden in die Mitte einer runden Schüssel gelegt und mit der Sauce übergossen. Man garniert sie mit fritierter Seezunge und Artischockenböden.

Garnelen mit Pernod-Sauce

Scampi amoureuses

*600 g Garnelen ohne Schale · Salz · frisch-
gemahlener Pfeffer · 30 g Butter · 5 g feingehackte Schalotte · 0,2 dl Pernod · 1 dl trockener
Weißwein · 1 dl Fischfond · 3 dl Sahne ·
einige gehackte Estragonblätter · 60 g Butter
(zum Binden)*

Die gewürzten Garnelen werden mit der feingehackten
Schalotte in Butter gedünstet. Mit Pernod flambieren.
Man fügt den Weißwein bei, deckt den Topf zu und läßt 2 bis
3 Minuten ziehen.
Die Garnelen herausnehmen und warm stellen.
Der Weißwein wird eingekocht, bevor man die Fischbrühe
dazugibt. Dann läßt man die Flüssigkeit nochmals zur Hälfte einkochen. Sahne und Estragonblätter beifügen und bis
zur gewünschten Konsistenz einkochen lassen. Die Butter
hineinmischen, mit Salz und Pfeffer abschmecken.

Gratinierte Krebsschwänze
mit Holländischer Sauce

Ecrevisses au gratin

*48 Krebse · 1 Bouquet garni (Estragon,
Petersilie und Dill) · 20 g Krebsbutter (Rezept
Seite 59) · 0,4 dl Cognac · 4 dl Sahne ·
5 dl Holländische Sauce (Rezept Seite 54) ·
Salz · frischgemahlener Pfeffer*

Man pochiert die Krebse mit dem Bouquet garni kurz in siedendem Salzwasser.

Dann bricht man die Krebsschwänze aus und stellt sie
warm.

Die Krebse werden in der geschmolzenen Krebsbutter
schnell geröstet und mit Cognac flambiert.

Dann fügt man zwei Drittel der Sahne hinzu und läßt kurz
aufkochen.

Die Krebse werden aus der Sauce genommen und in eine
feuerfeste Form gelegt.

Die Sauce kocht man bis zur gewünschten Konsistenz ein.
Mit Salz und Pfeffer abschmecken.

Dann mischt man sie mit der Holländischen Sauce und
zieht den Rest der Sahne darunter.

Die Krebse werden mit der Sauce übergossen und im Ofen
oder unter dem Grill gratiniert.

Anmerkung
Es ist wichtig, die Krebse nur 1 Minute zu kochen, so daß sie
halbroh bleiben, sonst werden sie zäh.

Miesmuscheln mit Fenchel

Cassoulette de moules au fenouil

*2 kg Miesmuscheln · 5 g feingehackte Schalotte ·
30 g Butter · 2 dl trockener Weißwein ·
100 g feingeschnittener Fenchel · 1 dl Fischwasser (Court Bouillon) · 3 dl Sahne ·
60 g Butter (zum Binden) · Salz · frischgemahlener Pfeffer · Cayennepfeffer · etwas
feingeschnittener Schnittlauch · einige Fenchelblätter, fein gehackt*

Die Miesmuscheln werden reingeschrubbt und gründlich
gewaschen. Man dünstet die Schalotte und fügt die Muscheln hinzu. Weißwein, Fischwasser (nicht Fischbrühe!)
und Fenchel dazugeben, zudecken und aufkochen lassen.
Der Sud wird passiert und eingekocht.
Die Muscheln werden aus der Schale genommen. Man entfernt den Bart und stellt sie warm.
Der eingekochten Brühe wird die Sahne beigefügt, worauf
man die Sauce bis zur gewünschten Konsistenz einkochen
läßt.
Allmählich die feste Butter einrühren.
Die Muscheln werden in die Sauce gelegt. Mit Salz, Pfeffer
und Cayennepfeffer abschmecken und mit Schnittlauch und
Fenchelblättchen bestreuen. Sofort auftragen.

Brioches mit Meeresfrüchten

Brioches navigateur

4 Brioches, Durchmesser 8 cm (Rezept Seite 45) ·
2 g feingehackte Schalotte · 20 g Butter · Salz ·
frischgemahlener Pfeffer · 220 g See-
teufel, filetiert und in Streifen von je 10 g ge-
schnitten · 1 Seezunge (ungefähr 500 g),
filetiert und in Streifen von je 10 g geschnitten ·
8 Garnelen ohne Schale · 4 Jakobsmuscheln,
halbiert · 50 g kleine Champignons · 2 dl Weiß-
wein · 1 dl Sherry · 2 dl Hummersauce ·
3 dl Sahne · 1 dl Holländische Sauce

Man höhlt die Brioches aus und stellt die Deckel beiseite.
Die Schalotte wird in Butter geschmort, ohne daß sie
bräunt.
Man gibt die gewürzten Fische, Krabben, Muscheln und
Champignons dazu und schmort sie durch.
Mit Weißwein und Sherry ablöschen, zudecken und 2 bis
3 Minuten kochen lassen.
Die Brühe wird durchgeseiht und eingekocht. Dann fügt
man Hummersauce und Sahne hinzu und läßt bis zur gewünschten Konsistenz weiter einkochen.
Die Meeresfrüchte kommen in die Sauce. Aufkochen lassen
und nach Geschmack mit Salz und Pfeffer nachwürzen.
Mit dem Ragout füllt man die ausgehöhlten, warmen Brioches, bedeckt sie mit Holländischer Sauce und bäckt sie
kurz bei Oberhitze. Dann setzt man die Deckel auf und serviert sofort.

Fleischgerichte

Die Qualität des Fleisches hängt sehr davon ab, in welchem Zustand das Tier geschlachtet worden ist. Die Muskeln werden steif, wenn ein Tier, das nicht an Bewegung gewöhnt ist, zum Schlachthof geführt wird. Viele Tiere ermüdet schon eine kleine körperliche Anstrengung. Dann wird das Fleisch klebrig und wabbelig. Das ist sogar bei Jungvieh zu beobachten. Diesen Defekt kann man verhindern, indem man das Tier vor dem Schlachten körperlicher Bewegung aussetzt, es schonend transportiert und dann ausruhen läßt, wobei es zuckerhaltiges Futter bekommen muß. Derartige Maßnahmen sind jedoch begrenzt, weil sie Kosten verursachen und infolgedessen unwirtschaftlich sind.

Fleisch sollte nie aufs Geratewohl zerschnitten werden. Das Bindegewebe zwischen allen Muskeln erleichtert die Abtrennung der verschiedenen Teile. Dann können die unter der Haut gelagerten Fettschichten und Sehnen mühelos entfernt werden. Es bleiben kompakte Muskeln mit gleichmäßiger Faserung zurück. Fleisch wird klebrig-zäh, wenn es Feuchtigkeit ausgesetzt ist. Darum muß es allem Dampf und verdunstenden Produkten ferngehalten werden.

Rindfleisch

Erstklassiges Rindfleisch ist rot, aber nicht zu dunkel. Als Zeichen vollendeter Mast ist es zu betrachten, wenn die Niere in eine dicke Fettschicht eingebettet ist, die nicht zu gelb sein darf. Ferner zeigt »marmoriertes« Fleisch — es ist von Fettadern durchzogen — an, daß das Tier nicht zu schnell gemästet worden ist. Vor der Verwendung muß Rindfleisch 15 bis 21 Tage abhängen.

Kalbfleisch

Das richtig gemästete, das heißt nur mit Milch ernährte Kalb hat rosigweißes Fleisch. Die Nieren sind vollständig in weißes Fett eingebettet. Das Fleisch zu junger oder nicht richtig gemästeter Kälber zerfällt beim Kochprozeß. Kalbfleisch muß vor der Verwendung 8 bis 10 Tage abhängen.

Lammfleisch

Viele Köche ziehen Lammfleisch dem Rind- und Schweinefleisch vor, weil es zarter ist und einen ausgeprägteren Eigengeschmack hat. Aber in bezug auf die Vorliebe der Herkunft gehen die Ansichten auseinander. Die einen bevorzugen Lämmer aus den Küstengebieten von Großbritannien, Schottland und der Normandie, wo sich die Schafe von meersalzhaltigem Gras ernähren, die andern hingegen Bergschafe, die würzige Kräuter zu sich nehmen. Das Fleisch der weißen Berglämmer ist fast das ganze Jahr hindurch erhältlich.

Das beste Lammfleisch stammt von Schäfchen, die noch nicht ganz ausgewachsen, sondern erst zehn Monate alt sind. Milchlämmer, das heißt Lämmer, die noch nicht grasen, sondern nur saugen, gibt es nur im Frühling. Diese Lämmer haben weißes Fleisch. Damit der besondere Geschmack nicht verdeckt wird, sollte man Lammfleisch möglichst natürlich zubereiten. Wie alle Fleischsorten muß auch Lammfleisch einige Tage abhängen; dadurch wird es zarter und schmackhafter.

Schweinefleisch

Gutes Schweinefleisch ist rosa und leicht marmoriert. Es darf niemals dunkelrot und wässerig sein. Es muß 5 bis 6 Tage abhängen.

Rinderfilet mit Mark und Rotweinsauce

Rosette de bœuf Grand Hôtel

*4 Tournedos (je 160 g) — (Rinderfiletscheiben) ·
Salz · frischgemahlener Pfeffer · 0,1 dl Erdnußöl · 100 g Mark, in Würfel geschnitten ·
etwas gehackte Petersilie · 10 g Weißbrotbrösel · 5 dl Weißwein · 4 blanchierte Markknochen (ungefähr 1 cm dick)*

Die geputzten Tournedos werden nach Geschmack gegrillt
und warm gestellt.
Man mischt Mark, Petersilie, Brösel und Weißwein gründlich.
Diese Garnitur wird rings um die Tournedos gelegt, und
man setzt sie noch 6 bis 7 Minuten lang der Oberhitze aus.
Sie werden auf den Markknochen angerichtet; das ist nicht
nur originell, sondern es verhindert auch, daß die Tournedos auf einer Wärmeplatte zu gar werden.
Die Rotweinsauce, die für sich serviert wird, bereitet man
folgendermaßen zu:

Rotweinsauce

*10 g feingehackte Schalotte · 5 g Butter ·
3 dl Rotwein · etwas Thymian · 3 dl brauner
Kalbsfond · 40 g Butter (zum Binden) ·
Salz · frischgemahlener Pfeffer*

Die Schalotte wird in Butter gedünstet, ohne daß sie Farbe
annimmt. Mit Rotwein ablöschen, Thymian hinzufügen und
zur Hälfte einkochen lassen. Man fügt die Kalbsbrühe hinzu,
läßt zur gewünschten Konsistenz einkochen und bindet die
Saucc mit Buttcr.

Entrecôte

Entrecôte sautée Dorchester

*4 Entrecôtes (je 180 g) · zerstoßene weiße
und schwarze Pfefferkörner · 0,5 dl Erdnußöl ·
0,4 dl Cognac · 2 dl brauner Kalbsfond ·
2 dl Sahne · 40 g Butter (zum Binden) ·
3 g grüne Pfefferkörner · 3 g rote Pfefferkörner ·
Salz · frischgemahlener Pfeffer*

Man würzt die geputzten Entrecôtes mit zerstoßenen weißen und schwarzen Pfefferkörnern sowie mit Salz.
Sie werden auf beiden Seiten in heißem Öl gebraten.
Vom Feuer nehmen und warm stellen.
Die Sauce wird entfettet und mit Cognac flambiert. Dann
fügt man die Kalbsbrühe hinzu und läßt um die Hälfte einkochen. Mit Butter binden. Sahne beifügen und bis zur gewünschten Konsistenz einkochen.
Erst vor dem Auftragen — sonst wird die Sauce zu scharf —
fügt man die grünen und roten Pfefferkörner hinzu und
gießt die Sauce über die Entrecôtes.

Rinderfilet mit Hühnermousseline und Madeirasauce

Cœur de filet de bœuf soufflé

*4 Rinderfilets (je 160 g) · Salz · frischge-
mahlener Pfeffer · 0,2 dl Erdnußöl ·
4 Scheiben Gänseleber (je 15 g) · 120 g Geflügelmousseline (Rezept Seite 43) · ein Stück
Schweinenetz · 2 dl Madeirasauce
(Rezept Seite 56)*

Die geputzten Filets werden gewürzt und auf der einen Seite schnell in Öl gebraten.

Auf die angebratene Seite legt man eine Gänseleberscheibe und bestreicht diese mit Geflügelmousseline. Alles in das Netz einpacken.

In einer geeigneten Form werden die Filets bei mäßiger Hitze im Ofen gebraten.

Beim Anrichten übergießt man sie mit Madeirasauce. Sofort auftragen.

Kleine Rinderfilets mit Schalotte

Mignons de bœuf aux échalottes

8 Rindermignons (je 80 g) · Salz · frischge-
mahlener Pfeffer · 0,4 dl Erdnußöl · 15 g Butter ·
40 g feingehackte Schalotte · 1,5 dl Rotwein ·
3 dl brauner Kalbsfond · 40 g Butter
(zum Binden)

Man würzt die Mignons mit Salz und Pfeffer und brät sie auf beiden Seiten in heißem Öl.

Das Fleisch herausnehmen und warm stellen.

Man entfernt das Fett, gibt die Butter hinzu und schmort die feingehackte Schalotte, ohne daß sie Farbe annimmt.

Mit Rotwein ablöschen und einkochen lassen. Man gibt die dunkle Kalbsbrühe dazu und läßt die Sauce einkochen, bis sie die gewünschte Konsistenz hat.

Mit Butter binden und nach Geschmack mit Salz und Pfeffer würzen.

Die Mignons werden mit der Sauce übergossen und sofort serviert.

Rinderfiletstreifen mit grünem Pfeffer

Célestine de bœuf au poivre vert

*640 g Rinderfilet, in feine Streifen geschnitten ·
0,2 dl Erdnußöl · 0,2 dl Cognac · 10 g feingehackte Schalotte · 1,5 dl Rotwein ·
3 dl brauner Kalbsfond · 2 dl Sahne ·
50 g Butter (zum Binden) · 5 g grüne Pfefferkörner · Salz · frischgemahlener Pfeffer*

Man schneidet das Rindfleisch in feine Streifen und brät sie
kurz in heißem Öl, ohne sie allzu gar werden zu lassen. Mit
Cognac flambieren, das Fett entfernen und das Fleisch aus
der Pfanne nehmen. Feingehackte Schalotte und Rotwein
kommen nun in die Pfanne, und man läßt einkochen. Hierauf fügt man die Kalbsbrühe hinzu und läßt um die Hälfte
einkochen.
Die Sahne darunter ziehen und mit Butter binden.
Man nimmt die Sauce vom Feuer, gibt die grünen Pfefferkörner hinein und schmeckt mit Salz und Pfeffer ab.
Das Fleisch wird mit der Sauce gemischt. Sofort auftragen.

Gegrilltes Rinderkotelett
mit Kräutern

Côte de bœuf marinée aux herbes au jardin
(Abb. Seite 112)

1 Rippenstück (1,4 kg)

Marinade

*1 dl Olivenöl · 1 Thymianzweiglein ·
1 Rosmarinzweiglein · 4 Salbeiblätter ·
8 Basilikumblätter · etwas Knoblauch · Salz ·
grob zerstoßener schwarzer Pfeffer · etwas
Gartenkresse · 3 dl Foyot-Sauce (Rezept
Seite 58) · Fleischextrakt (Rezept Seite 38)*

Das Rippenstück wird 12 Stunden lang in Öl, Thymian, Rosmarin, Salbei, Basilikum und Knoblauch mariniert. Es muß häufig gewendet werden.

Man würzt das Fleisch mit Salz und grobgestoßenem Pfeffer und grillt es auf allen Seiten. Damit der Saft nicht herausrinnt, läßt man den Braten vor dem Aufschneiden 10 Minuten lang ruhen.

Beim Anrichten garniert man mit Rosmarin (man kann ihn in Butter schmoren, wodurch der Geschmack verstärkt wird) und mit Gartenkresse.

Die mit Fleischextrakt garnierte Foyot-Sauce wird separat serviert.

Gefüllte Lammkeule in Blätterteig

Gigot d'agneau farci en croûte

*1 Lammkeule (1,5 kg) · 200 g Lammnieren
ohne Fett, Haut und Nerven · Salz · frischgemahlener Pfeffer · 1 g Kräutermischung ·
20 g Butter · 0,2 dl Madeira · 1 Knoblauchzehe ·
0,2 dl Olivenöl · 250 g Blätterteig (Rezept
Seite 48) · 1 Eigelb*

Kräutermischung

*50 g Thymian · 30 g Pfefferkraut ·
25 g Rosmarin · 10 g Knoblauch · 25 g Estragon ·
20 g Majoran · 5 g Salbei · 20 g Petersilie
alles entstielt und feingehackt*

Man entfernt die beiden Hauptknochen aus der Lammkeule, ohne ins Fleisch zu schneiden, und putzt die Keule.
Die Lammnieren werden halbiert und mit Salz, Pfeffer und
Kräutermischung gewürzt. Kurz in Butter braten (bis sie rosa sind).
Man nimmt die Nieren aus der Pfanne, schüttet das Fett ab,
gibt Madeira hinein, läßt ein wenig einkochen und fügt die
Nieren wieder hinzu. Die Lammkeule wird mit den Nieren
gefüllt und mit Knoblauch gespickt. Man bindet sie sorgfältig zusammen, damit sie eine hübsche Form erhält.
Sie wird auf allen Seiten mit Salz und Pfeffer gewürzt und
in Öl im Backofen gebraten. Dann läßt man sie auf einem
Gitter abkühlen. Man umhüllt die Keule sorgfältig mit Blätterteig, der mit Eigelb bestrichen wird. Bei gleichmäßiger
Hitze von ungefähr 230°C 20 bis 25 Minuten lang im Ofen
backen.

Lamm-Mignons mit Portweinsauce

Mignons d'agneau au Porto

8 Lamm-Mignons (je 70 g) vom Rücken ·
Salz · frischgemahlener Pfeffer · 30 g Butter ·
15 g feingehackte Schalotte · 0,5 dl brauner
Kalbsfond · 1,5 dl Sahne · 50 g Butter (zum
Binden) · Blattspinat (Rezept Seite 190)

Jedes Fleischstück wird seitlich mit Küchengarn zusammengebunden und mit Salz und Pfeffer gewürzt. Man schmort die Mignons auf beiden Seiten in heißer Butter, fügt die gehackte Schalotte bei, deckt die Pfanne zu und läßt das Fleisch bei mäßiger Hitze 2 bis 3 Minuten ziehen.

Dann entfernt man das Küchengarn und stellt die Mignons warm.

Die Butter wird abgegossen und der Fond mit Portwein abgelöscht. Nun kommt der braune Kalbsfond dazu, den man einkochen läßt. Die Sahne hineinrühren, aufkochen und mit Butter binden.

Die Sauce wird nun durch ein Haarsieb oder ein Tuch passiert und nach Geschmack mit Salz und Pfeffer abgeschmeckt.

Die Mignons auf Blattspinat anrichten und mit der Sauce übergießen.

Gekochter Lammrücken
mit Gemüse

Selle d'agneau pochée aux légumes

*600 g Lammrücken ohne Knochen · 3 dl weißer
Kalbsfond · 3 dl Lammfond · 50 g Butter ·
80 g rote Zwiebel, geschält, geviertelt und auf-
gebrochen · 150 g Lauch, in diagonale
Scheiben geschnitten · 140 g grobgehackte
Weißkohlblätter · 100 g kleiner Rosenkohl, in einzelne Blätter zerteilt · etwas
Petersilie, Schnittlauch und Basilikum, fein
gehackt · Salz · frischgemahlener Pfeffer*

Der enthäutete und geputzte Lammrücken wird in Stücke
geschnitten.

Man kocht Kalbs- und Lammbrühe auf und läßt sie ein biß-
chen einkochen.

Zwiebeln, Lauch, Kohl und Rosenkohl werden in siedendem
Salzwasser überwellt. Man nimmt das Gemüse heraus und
trocknet es ab.

Die Fleischstücke werden in die Brühe gegeben und 10 Minuten ziehen gelassen. Dann nimmt man sie heraus und
legt sie auf ein Gitter.

Das blanchierte Gemüse wird in die Brühe zurückgegeben
und zum Kochen gebracht.

Die Fleischstücke hinzufügen.

Die frischgehackten Kräuter zuletzt beigeben und mit Salz
und Pfeffer abschmecken.

Das Gemüse wird herausgenommen und in einer Schüssel
arrangiert. Ganz kurz vor dem Anrichten schneidet man das
Fleisch in 1 cm dicke Stücke und legt sie auf das Gemüse.
Sofort auftragen.

Lammragout mit Safransauce

Blanquette d'agneau au safran

*800 g Lammfleisch (Brust und Schulter) ·
6 dl Lammfond · 1 dl Weißwein · 150 g Suppengrün (Zwiebel, Karotte, Sellerie, $\frac{1}{4}$ Lorbeerblatt, Petersilienstiele) · einige Safranfäden ·
2 Eigelb · 3 dl Sahne · 50 g Butter (zum
Binden) · 0,1 dl Zitronensaft · Salz ·
frischgemahlener Pfeffer · 50 g Karotte ·
50 g weiße Rübe · 50 g feine grüne Bohnen ·
30 g glasierte Perlzwiebeln*

Das geputzte Fleisch wird in Stücke von je 40 g geschnitten,
in Salzwasser blanchiert, abgekühlt und gewaschen.
Dann bringt man es in Lammbrühe und Weißwein zum Kochen und schäumt ab. Suppengrün und Safran werden hinzugefügt; leise köcheln lassen, bis das Fleisch zart ist, wobei
man ab und zu das Fett entfernt und abschäumt.
Man nimmt das gare Fleisch heraus, streicht die Brühe
durch ein feines Sieb und läßt sie zur Hälfte einkochen.
Man mischt die Eigelb mit der Sahne, rührt die Mischung in
die Brühe und bindet mit der Butter, wobei die Sauce nicht
mehr kochen darf.
Zitronensaft beigeben, mit Salz und Pfeffer abschmecken.
In einer Schüssel werden die Fleischstücke mit der Sauce
übergossen, und man garniert ringsum mit den zuvor in
Salzwasser knackig gekochten Rüben, Bohnen und Karotten
und den glasierten Perlzwiebeln.

Kalbsmedaillons mit Orange und Zitrone

Médaillons de veau à l'orange et au citron

8 Kalbsmedaillons (je 70 g) · Salz · frisch-
gemahlener weißer Pfeffer · 40 g Butter ·
1 dl Weißwein · 2 dl brauner Kalbsfond ·
3 dl Sahne · etwas Orangen- und Zitronensaft ·
8 kleine Scheiben Orange ohne Schale ·
8 kleine Scheiben Zitrone ohne Schale ·
etwas abgeriebene Orangen- und Zitronen-
schale (vorher blanchiert)

Die gewürzten Kalbsmedaillons werden in Butter auf bei-
den Seiten goldbraun gebraten.
Das Fleisch wird herausgenommen und warm gestellt, die
Butter abgegossen.
Man löscht den Fond mit Weißwein ab, fügt die Kalbsbrühe
hinzu und läßt einkochen.
Die Sahne hineinrühren und bis zur gewünschten Konsi-
stenz einkochen lassen.
Man fügt Orangen- und Zitronensaft hinzu und würzt mit
Salz und Pfeffer.
Die Sauce wird über das angerichtete Fleisch gegossen.
Man garniert jedes Medaillon mit einer Orangen- und einer
Zitronenscheibe und streut kurz vor dem Auftragen ein we-
nig abgeriebene Orangen- und Zitronenschale darüber.

Kalbsmignons mit Sauerampfersauce

Mignons de veau à l'oseille

(Abb. Seite 113)

*12 Kalbsmignons (je 50 g) · Salz · frisch-
gemahlener Pfeffer · 0,2 dl Erdnußöl ·
20 g Butter · 0,4 dl weißer Kalbsfond*

Sauce

*10 g Butter · 2 g feingehackte Schalotte ·
40 g Tomaten, in Würfel geschnitten ·
0,5 dl Weißwein · 0,3 dl Noilly Prat ·
2 dl weißer Kalbsfond · 1,5 dl Sahne ·
40 g Butter (zum Binden) · 20 g Sauerampfer,
in etwa 3 cm breite Streifen geschnitten ·
Salz · frischgemahlener Pfeffer*

Die Kalbsmignons werden gewürzt und in Öl und Butter auf
beiden Seiten gebraten, bis sie leicht gebräunt sind.
Man nimmt das Fleisch heraus und stellt es warm.
Das Fett wird abgegossen. Den Fond löscht man mit Kalbs-
brühe ab und läßt die Flüssigkeit zur Hälfte einkochen.
Die Sauce wird folgendermaßen zubereitet:
Man dünstet die feingehackte Schalotte in der Butter, fügt
die Tomatenwürfel hinzu und läßt weiterschmoren.
Weißwein und Noilly Prat hinzufügen und einkochen las-
sen. Dann kommt die Kalbsbrühe dazu, und man läßt noch-
mals einkochen.
Die Sahne wird hineingerührt und die Sauce durch ein
Haarsieb gestrichen.
Sauerampfer hinzufügen und mit Salz und Pfeffer ab-
schmecken.
Die Kalbsmignons werden in die Sauce gelegt. Sofort auftra-
gen.

Piccata Cavalieri

Piccata de veau Cavalieri

12 kleine Kalbsschnitzel (je 30 g) · Salz ·
frischgemahlener weißer Pfeffer · etwas Mehl ·
2 Eier · 20 g geriebener Parmesankäse ·
0,4 dl Olivenöl · 40 g Butter · 200 g Tomaten, in
kleine Würfel geschnitten · 80 g Mozzarella,
in Scheiben geschnitten ·0,2 dl Sahne ·
300 g Spinatnudeln (Rezept Seite 50) ·
3 dl Madeirasauce (Rezept Seite 56) ·
20 g Butter (zum Binden)

Man würzt die flachgeklopften Schnitzel, bestäubt sie mit
Mehl und wälzt sie in den mit Parmesan zusammen geschlagenen Eiern. Sie werden in Olivenöl und Butter goldbraun
gebraten.
Die Tomatenwürfelchen, deren Saft möglichst abgegossen
wird, schmort man in Butter und legt sie auf die Schnitzel.
Die Mozzarellascheiben werden auf die Tomaten gelegt und
mit Sahne beträufelt. Die Schnitzel kommen unter den Grill,
bis der Käse geschmolzen ist. Sie werden auf den *al dente*
gekochten Spinatnudeln angerichtet.

Kalbskotelett mit gefüllten Morcheln

Côte de veau sautée aux morilles farcies

4 Kalbskoteletts (je 180 g) · 20 g Butter ·
1 dl Portwein · 4 dl brauner Kalbsfond ·
40 g Butter (zum Binden) · 12 gefüllte
Morcheln (Rezept Seite 199)

Die geputzten und gewürzten Koteletts werden sorgfältig
in Butter gebraten.

Man nimmt sie aus der Pfanne, entfernt die Butter und löscht den Fond mit Portwein ab. Dann fügt man die Kalbsbrühe hinzu und läßt die Sauce zur gewünschten Konsistenz einkochen.

Allmählich mit Butter binden und nach Geschmack mit Salz und Pfeffer würzen.

Man garniert mit den gefüllten Morcheln und serviert sofort.

Geschnetzeltes Kalbfleisch mit Pilzsauce

Emincé de veau belle forestière

*600 g Kalbsfilet, in Scheibchen geschnitten ·
Salz · frischgemahlener Pfeffer · 20 g Butter ·
2 dl Weißwein · 2 dl brauner Kalbsfond ·
3 dl Sahne · 50 g kleine Pfifferlinge
(Eierschwämme) · 50 g Steinpilze ·
50 g Champignons · 2 g feingehackte Schalotte ·
gehackte Petersilie · 30 g Butter (zum Binden)*

Die gewürzten Fleischstückchen schmort man in Butter, ohne daß sie bräunen. Man läßt sie dann in einem Sieb abtropfen.

Der Fond wird mit Weißwein gelöscht. Ein wenig einkochen lassen und mit Kalbsbrühe auffüllen. Zum Kochen bringen und die Sahne hineinrühren. Man läßt die Sauce einkochen, bis die gewünschte Konsistenz erreicht ist.

Die Pilze werden gründlich gewaschen, sauber geputzt und klein geschnitten: Sie werden zusammen mit der Schalotte in Butter geschmort.

Fleisch, Pilze und gehackte Petersilie kommen nun in die Sauce, die mit fester Butter gebunden und mit Salz und Pfeffer abgeschmeckt wird. Sofort auftragen.

Kalbsröllchen gefüllt mit Quark

Paupiettes de veau »weight watchers«

8 Kalbsschnitzel à 40 g · 150 g Speisequark ·
15 g frischgeriebener Meerrettich · etwas
gehackte Petersilie · 30 g Butter · 10 g feinge-
hackte Schalotte · 2 dl Apfelwein · 3 dl brauner
Kalbsfond · Salz · Pfeffer aus der Mühle

Die Kalbsschnitzel dünn klopfen, auslegen und würzen.
Dann den mit Meerrettich, Petersilie, Salz und Pfeffer abgeschmeckten Speisequark darauf dressieren und zusammen-
rollen.
Die Fleischrollen werden vorsichtig mit einem Faden zusammengebunden.
In einem passenden Geschirr die Butter erwärmen und die
Schalotten dünsten, jedoch ohne Farbe zu geben, das Fleisch
dazugeben und allseitig unter ständigem Begießen 6 bis
8 Minuten garen. Dann wird das Fleisch herausgenommen
und warm gestellt, der Fettstoff entfernt und der Bratensatz
mit dem Apfelwein abgelöscht.
Mit dem Kalbsfond auffüllen und kurz aufkochen.
Die Fleischröllchen anrichten und mit der fein abgeschmeckten und passierten Sauce nappieren.

Verschiedenes gemischtes Kalbfleisch

Trianon de veau grillé

4 Kalbsmignons à 50 g · 4 Kalbsleber-
scheiben à 50 g · 4 Kalbsnierenscheiben à 50 g ·
0,3 dl Öl · 30 g Butter · Salz · Pfeffer aus
der Mühle · Madeirasauce (Rezept Seite 56)

Das gut parierte Fleisch mit Salz und Pfeffer würzen, mit Öl
beträufeln und auf dem Grill vorsichtig beidseitig anbraten.

In einer Sauteuse die Butter erwärmen und das Fleisch schnell darin drehen (um den Grillgeschmack etwas zu entfernen).

Das Fleisch wird auf einem passenden Geschirr angerichtet und mit Madeirasauce übergossen.

Als Garnitur eignen sich ausgezeichnet Pommes Anna (Rezept Seite 196) und Okra mit Tomaten (Rezept Seite 193).

Anmerkung
Das Kalbfleisch kann durch Rinderfilet ersetzt werden.

Kalbsmignons mit Camembert

Mignons de veau au Camembert

8 Kalbsmedaillons à 70 g · 40 g Butter ·
1,5 dl Weißwein · 2 dl brauner Kalbsfond ·
3 dl Sahne · 80 g Camembert-Käse (ohne
Rinde) in Scheiben geschnitten · Salz · weißer
Pfeffer aus der Mühle

Die Kalbsmedaillons werden mit Salz und Pfeffer gewürzt und in Butter beidseitig goldgelb gebraten.

Das Fleisch aus der Pfanne nehmen und warm stellen, den Fettstoff entfernen.

Mit Weißwein ablöschen, den braunen Kalbsfond beigeben und reduzieren. Mit der Sahne auffüllen und zur gewünschten Dicke einkochen lassen.

Die Sauce mit Salz und Pfeffer abschmecken.

Den Camembert-Käse auf die Medaillons legen und diese kurz im Ofen oder unter dem Salamander gratinieren. Dann die gut abgeschmeckte Sauce auf einer Platte anrichten, die mit dem Käse bedeckten Medaillons darauf verteilen und sofort servieren.

Anmerkung
Der Camembert muß gut reif sein, damit er beim Gratinieren leicht über die Kalbsmedaillons fließt.

Kalbsfilet mit Gänseleber

Filet de veau poêlé au foie gras

*1 Kalbsfilet (ungefähr 600 g), gut pariert ·
Salz · frischgemahlener Pfeffer · 60 g Bardierspeck · 0,2 dl Erdnußöl · 20 g Butter ·
25 g Karotte · 25 g Zwiebel · 25 g Sellerie ·
2 dl Weißwein · 3 dl brauner Kalbsfond ·
2 dl Sahne · 40 g Butter (zum Binden) ·
80 g Gänseleber, dünn geschnitten · 60 g Rohschinken, dünn geschnitten*

Das gewürzte Kalbsfilet wird bardiert und in Öl gebraten,
bis es goldbraun ist.

Man schmort das in Würfel geschnittene Gemüse in Butter
und gibt es in eine tiefe Pfanne. Das Fleisch kommt dazu,
auch Weißwein und Kalbsbrühe, und man läßt es 15 bis
18 Minuten im Ofen braten, wobei es häufig begossen wird.
Man nimmt das Fleisch aus der Pfanne und stellt es warm.
Der Sud wird eingekocht, dann die Sahne beigefügt und
weiter eingekocht, bis die gewünschte Konsistenz erreicht
ist. Durch ein Sieb streichen, mit Butter binden und nach
Geschmack würzen.

Das Filet schneidet man ohne den Speck in Scheiben. Zwischen die Scheiben legt man die Gänseleberschnitten, welche mit dem gebratenen Rohschinken umwickelt wurden.
Die Sauce anrichten und das Fleisch hineingeben.

Kalbskotelett mit pochiertem Ei

Côte de veau Jockey Club
(Abb. Seite 128)

*4 Kalbskotelett à 200 g · etwas Mehl · 0,1 dl Öl ·
20 g Butter · 1 dl Weißwein · 2 dl brauner
Kalbsfond · 4 pochierte Eier (Rezept Seite 95) ·
4 tournierte Champignonköpfe · etwas
rote Peperoni, klein ausgestochen · 4 dünn geschnittene Trüffelscheiben · 6 grüne Spargelspitzen, kurz blanchiert und halbiert ·
Salz · Pfeffer aus der Mühle*

Die gut parierten Kalbskoteletts mit Salz und Pfeffer würzen
und leicht mit Mehl bestäuben. In passendem Geschirr in Öl
und Butter beidseitig während ständigem Begießen braun
braten, dann aus der Pfanne nehmen und warm stellen.
Den Fettstoff entfernen, mit dem Weißwein ablöschen und
reduzieren.
Den braunen Kalbsfond beigeben und zur gewünschten
Dicke einkochen lassen.
Durch ein feines Sieb passieren und vorsichtig mit Salz und
Pfeffer abschmecken.
Die pochierten Eier herstellen, den fein abgeschmeckten
Kalbsfond auf passendem Geschirr anrichten und die Kalbs-
koteletts darauf dressieren.
Mit den pochierten Eiern, den in Butter gewärmten Spargel-
spitzen sowie mit den Champignons, Trüffelscheiben und
Peperonistücken garnieren.

Kalbsfilet mit Schnittlauchsauce

Filets de veau à la crème de ciboulettes

(Abb. Seite 129)

8 Kalbsfilets à 70 g · etwas Mehl · 40 g Butter ·
1 dl Weißwein · 1,5 dl brauner Kalbsfond ·
2 dl Sahne · 20 g Schnittlauch, püriert ·
wenig Bouillon · etwas feingeschnittener
Schnittlauch · 40 g Butter zum Montieren ·
Salz · Pfeffer aus der Mühle

Garnitur

30 g Butter · 40 g Karotten in Streifen ge-
schnitten · 40 g Zucchetti, in Streifen geschnitten ·
40 g Sellerie, in Streifen geschnitten ·
50 g feine grüne Bohnen · 50 g Blumenkohl-
röschen · 50 g Pois mange-tout · 20 g Puff-
bohnen · Salz · Pfeffer aus der Mühle

Die Kalbsfilets mit Salz und Pfeffer würzen und leicht mit
Mehl bestäuben. In passendem Sautoir die Filets in Butter
beidseitig goldgelb braten, herausnehmen und warm stellen, Fettstoff entfernen.

Mit dem Weißwein ablöschen und reduzieren, dann den
Kalbsfond und die Sahne beigeben und leicht einkochen lassen. Alles durch ein feines Sieb passieren und den mit wenig
Bouillon pürierten Schnittlauch sowie den feingeschnittenen Schnittlauch beigeben. Mit der festen Butter binden
und abschmecken.

Die Sauce in ein passendes Geschirr geben und die saftig gebratenen Kalbsfilets darauf dressieren.

Mit den blanchierten und in Butter sautierten und abgeschmeckten Gemüsen gefällig garnieren.

Kalbsbries (Milken) mit Spinat

Ris de veau aux feuilles d'épinards

600 g frisches Kalbsbries · 15 g Butter ·
100 g Karotten, in Scheiben geschnitten ·
50 g feingehackte Zwiebel · 10 g feingehackte
Schalotte · 1 Knoblauchzehe, ungeschält ·
1 Thymianzweiglein · 1 Lorbeerblatt ·
Salz · frischgemahlener Pfeffer · 1 dl Noilly
Prat · 2,5 dl Sahne · 40 g grobehackter
Sauerampfer · 100 g junger Spinat, blanchiert ·
50 g Butter (zum Binden)

Das gut gewässerte Kalbsbries wird blanchiert, sofort abgekühlt, enthäutet und geputzt.

Auf den Boden einer eingebutterten Pfanne legt man Karotte, Zwiebel und Schalotte, darauf das Kalbsbries und würzt
mit Knoblauch, Thymian, Lorbeerblatt, Salz und Pfeffer.

Zudecken und im Ofen im eigenen Saft langsam schmoren
lassen. Das Kalbsbries wird herausgenommen und warm
gestellt.

Man löscht mit Noilly Prat ab und läßt ein wenig einkochen.
Die Sahne wird hineingerührt, aufkochen und die Sahne
durch ein Haarsieb streichen. Dann soll sie mit dem Sauerampfer 2 bis 3 Minuten ziehen. Ganz allmählich die Butter hinzufügen und gut mit Salz und Pfeffer würzen.

Das Kalbsbries wird in gleichmäßige Scheiben geschnitten
und in der Sauce angerichtet.

Man schwenkt den Spinat in Butter, schmeckt ihn mit Salz
und Pfeffer ab und verwendet ihn als Garnitur.

Kalbsbries (Milken) mit Trüffeln und Gemüse

Ris de veau piqués à la vapeur

700 g frisches Kalbsbries · 3 dl weißer Kalbs-
fond · 40 g Zwiebel, gewürfelt · 20 g Karotte,
gewürfelt · 30 g Lauch, gewürfelt · 20 g Sellerie,
gewürfelt · 1 kleines Lorbeerblatt · etwas
Petersilie und Basilikum · 60 g Schinken, in
dicke Streifen geschnitten · 10 g Trüffeln, in
ganz feine Streifen geschnitten · 1 dl Weißwein ·
1 dl Sherry · 30 g Butter (zum Binden) ·
Salz · frischgemahlener weißer Pfeffer

Das Kalbsbries wird mehrere Stunden gewässert, wobei man das Wasser häufig wechselt; dann wird es blanchiert und enthäutet.
In der Kalbsbrühe läßt man Gemüse, Lorbeerblatt, Petersilie und Basilikum 5 Minuten lang sieden.
Das geputzte Kalbsbries wird mit Trüffel- und Schinkenstreifen belegt.
Man passiert die Brühe, fügt Weißwein hinzu und läßt das Kalbsbries im Dampf garen. Dann wird es warm gestellt.
Die Brühe wird bis auf ein Drittel eingekocht. Man gießt Sherry zu und bindet mit fester Butter. Mit Salz und Pfeffer abschmecken.
Das Kalbsbries wird in Scheiben geschnitten und in der Sauce angerichtet.

Anmerkung
Auch zu dieser Speise ist junger, in Butter geschwenkter Blattspinat eine geeignete Beigabe.

Kalbsniere mit Weinessig

Rognons de veau au vinaigre de vin

4 Kalbsnieren (je ungefähr 140 g) · Salz ·
frischgemahlener Pfeffer · 30 g Butter ·
30 g feingehackte Schalotte · 2 dl Rotwein ·
0,5 dl Rotweinessig · 3 dl brauner Kalbsfond ·
50 g Butter (zum Binden) · 40 g Karotten ·
40 g Lauch · 40 g Sellerie · 10 g Butter
(für das Gemüse)

Das äußere Fett und der innere Nerv der Nieren werden
entfernt. Man würzt die Nieren, brät sie in Butter an, deckt
sie zu und läßt sie noch 5 bis 6 Minuten im Ofen weiter-
bräunen. Dann werden sie herausgenommen und warm gestellt.

Das Fett wird abgegossen. Man gibt ein wenig Butter in die
Pfanne und läßt die gehackte Schalotte darin ziehen. Mit
Rotwein und Rotweinessig ablöschen und gut einkochen las-
sen, sonst schmeckt die Sauce sauer. Dann gießt man die
Kalbsbrühe zu und läßt bis zur gewünschten Konsistenz
weiter einkochen.

Mit Butter binden und nach Geschmack mit Salz und Pfeffer
würzen.

Die Nieren werden in der Schüssel mit der Sauce übergossen. Man garniert sie mit den in Julienne geschnittenen und
in Butter geschmorten Karotten, Lauch und Sellerie.

Kalbsleber mit Zwiebeln und Madeirasauce

Foie de veau vénétien

*600 g Kalbsleber · 40 g Butter · 100 g fein-
gehackte Zwiebel · 2 dl Madeira · 1 gehacktes
Salbeiblatt · 2 dl brauner Kalbsfond ·
50 g Butter (zum Binden) · Salz · frischgemahlener Pfeffer*

Man enthäutet die Leber und entfernt die Nerven. Man
schneidet sie schräg in ungefähr 3 cm dicke Scheiben.

Unter fortwährendem Rühren werden die Zwiebeln in Butter gedünstet, bis sie goldbraun sind.

Man löscht mit 1,5 dl Madeira ab, fügt das Salbeiblatt hinzu
und läßt um die Hälfte einkochen. Dann mit Kalbsbrühe
auffüllen und bis zur gewünschten Konsistenz einkochen.

In einer Pfanne erhitzt man 20 g Butter, in der die gewürzten Leberscheiben zwei- bis dreimal geschwenkt werden.
Man fügt sie dann ohne die Butter der Sauce zu und rührt
über mittlerer Hitze 30 g feste Butter mit einem Holzlöffel
hinein. Der übrige Madeira kommt dazu, mit Salz und Pfeffer abschmecken. Die Leber wird in der Sauce aufgetragen.

Kalbsniere mit Senfsauce

Rognons de veau à la moutarde

*4 Kalbsnieren mit ein wenig Fett (unge-
fähr je 140 g) · Salz · frischgemahlener Pfeffer ·
30 g Butter · 0,5 dl Calvados · 1 dl brauner
Kalbsfond · 3 dl Sahne · 10 g Dijon-Senf*

Man schneidet die Nieren in etwa 1 cm dicke Scheiben, entfernt den inneren Nerv, ohne das äußere Fett wegzuschnei-
den.

Schweinesteak mit Backpflaumen ▶
Steak de porc aux pruneaux
Rezept Seite 163

Die Nierenscheiben werden auf beiden Seiten in Butter gebraten, dann mit Calvados flambiert. Man nimmt sie heraus und stellt sie warm.

Mit Kalbsbrühe ablöschen und ein wenig einkochen lassen. Man fügt die Sahne hinzu, bringt schnell zum Kochen, rührt den Senf hinein und schmeckt mit Salz und Pfeffer ab.

Die Nieren werden in der Schüssel mit der Sauce übergossen.

Anmerkung
Es ist wichtig, daß die Nierenscheiben rosa bleiben. Auf keinen Fall darf man sie in der Sauce kochen lassen, sonst werden sie zäh.

Schweinemedaillons mit Western-Sauce

Médaillons de filet de porc sauce Western

8 Schweinemedaillons (je 70 g), gut geputzt ·
Salz · frischgemahlener weißer Pfeffer ·
etwas Mehl · 0,2 dl Olivenöl · 20 g Butter ·
0,4 dl Weißwein · 3 dl Western-Sauce
(Rezept Seite 53)

Man würzt die Fleischstücke mit Salz und Pfeffer und bestäubt sie leicht mit Mehl.

Öl und Butter werden in der Pfanne langsam erhitzt. Darin werden die Medaillons allmählich auf beiden Seiten gebraten. Herausnehmen und warm stellen.

Man gießt das Fett ab, löscht den Fond mit Weißwein ab und läßt einkochen. Diese Sauce wird der Western-Sauce beigefügt. Beim Anrichten werden die Medaillons mit der Sauce übergossen.

◄ Gegrillte Entenbrust Nossi-Bé
Poitrine de canard grillé — Nossi-Bé
Rezept Seite 177

Schweinemignons mit Roquefortsauce

Mignons de filet de porc au Roquefort

8 Schweinemignons (je 70 g), gut geputzt ·
0,2 dl Olivenöl · 20 g Butter · 2 ungeschälte
Knoblauchzehen · 1 Zweiglein Rosmarin ·
40 g junge Karotten, in Stäbchen geschnitten ·
40 g Stangensellerie, in Stäbchen geschnitten ·
50 g feine, grüne Bohnen · Salz · Pfeffer
aus der Mühle

Sauce

10 g Butter · 5 g feingehackte Schalotte ·
0,4 dl trockener Weißwein · 0,3 dl Apfelwein ·
1 dl brauner Kalbsfond · 0,5 dl Sahne ·
40 g Roquefortkäse, zerdrückt · Salz ·
frischgemahlener Pfeffer

Die gewürzten Mignons werden zusammen mit Knoblauch und Rosmarin in dem erhitzten Fett (Olivenöl und Butter) bei mäßiger Hitze auf beiden Seiten gebraten. Sie müssen saftig bleiben. Man nimmt sie heraus und stellt sie warm. Das Fett wird abgegossen.

In derselben Pfanne dünstet man die feingehackte Schalotte in 10 g Butter. Mit Weißwein und Apfelwein ablöschen und einkochen lassen.

Man füllt mit Kalbsbrühe auf und läßt zur Hälfte einkochen. Passieren, aufkochen und die Sahne hineinrühren.

Der Roquefort wird hinzugefügt, und man schmeckt die Sauce mit Salz und Pfeffer ab.

Karotte, Sellerie und Bohnen, die man in Salzwasser knackig gekocht hat, werden der Sauce nun beigefügt.

Die Mignons werden in die Sauce gelegt. Sofort auftragen.

Schweinesteak mit Backpflaumen

Steak de porc aux pruneaux
(Abb. Seite 160)

*8 Schweinesteaks, gut geputzt, à 70 g ·
8 kleine, entsteinte Backpflaumen · etwas Mehl ·
0,2 dl Olivenöl · 20 g Butter · 1 dl Weißwein ·
1,5 dl brauner Kalbsfond · 30 g Butter, zum
Montieren · Salz · Pfeffer aus der Mühle*

Für die Garnitur

*20 g Butter · 50 g Karotten · 50 g Weiß-
rübe · 8 kleine, entsteinte Backpflaumen,
blanchiert · etwas gehackte Petersilie*

Die Backpflaumen werden mit kaltem Wasser bedeckt und
auf den Siedepunkt gebracht. Vom Feuer nehmen und
30 Minuten ziehen lassen. Sodann abschütten, die Backpflaumen halbieren und auf einem Tuch trocknen.
Die Schweinesteaks werden nun mit acht blanchierten und
halbierten Backpflaumen beidseitig vorsichtig gespickt, mit
Salz und Pfeffer gewürzt und mit Mehl leicht bestäubt. In einer Sauteuse Öl und Butter erhitzen, die Schweinesteaks
hineinlegen und langsam auf beiden Seiten braten, indem
man sie ständig mit Saft begießt.
Das Fleisch warm stellen. Das Bratenfett abschütten, den
Satz mit dem Weißwein ablöschen und etwas einkochen.
Der Kalbsfond wird beigegeben, die Sauce zur gewünschten
Dicke eingekocht, und mit der Butter gebunden. Passieren
und mit Salz und Pfeffer abschmecken.
Die knackig gekochten Karotten und Weißrüben sowie die
acht verbleibenden blanchierten und halbierten Backpflaumen in der Butter gut dünsten und über die Steaks anrichten. Das Gericht wird mit der frischgehackten Petersilie
garniert und sofort aufgetragen.

Schweinekotelett mit Brunnenkresse

Côte de porc au cresson

4 Schweinekoteletts gut pariert à 180 g ·
0,2 dl Öl · 30 g Butter · 20 g feingehackte
Schalotten · 1 dl Apfelwein · 3 dl Sahne ·
250 g Brunnenkresse (einzelne Blätter abzupfen,
waschen und abtropfen) · etwas Dijon-Senf ·
wenig Zitronensaft · Salz · Pfeffer aus
der Mühle

Das Öl sowie 20 g der Butter in passendem Geschirr erhitzen, die mit Salz und Pfeffer gewürzten Koteletts dazugeben und beidseitig unter ständigem Beträufeln mit dem Fettstoff schön braun braten.

Das Fleisch herausnehmen und warm stellen, den Fettstoff entfernen und die restlichen 10 g Butter dazugeben, die Schalotten darin dünsten, ohne ihnen jedoch Farbe zu geben.

Mit Apfelwein ablöschen und reduzieren. Hierauf die Sahne sowie die grobgehackte Kresse dazugeben und etwa 3 bis 4 Minuten einkochen lassen.

Den Senf beigeben und mit dem Zitronensaft verfeinern.

Mit Salz und Pfeffer abschmecken.

Das Fleisch anrichten und mit der Sauce übergießen.

Die angerichteten Koteletts können mit einigen ganzen Kresseblättern garniert werden.

Schweinefrikassee mit Lauch

Fricassé de porc aux poireaux

*800 g Scheinefleisch (Hals, Schulter), in
30 g schwere Stücke geschnitten · 0,4 dl Öl ·
1 Knoblauchzehe · 200 g Zwiebeln, fein geschnitten · 20 g Paprika edelsüß · 400 g junger
Lauch, in Streifen geschnitten · 3 dl Kalbsbrühe (Rezept Seite 34) · 1 Kräutersträußchen ·
1 dl saure Sahne · Salz · Pfeffer aus der Mühle*

Die Zwiebeln in Öl 8 bis 10 Minuten lang glasig dünsten,
dann das mit Salz und Pfeffer gewürzte Fleisch dazugeben
und weiterdünsten. Sobald die Flüssigkeit fast eingekocht ist,
den Knoblauch, Paprika und das Kräutersträußchen beigeben und mit der Kalbsbrühe auffüllen. Zugedeckt etwa
20 Minuten garen lassen. Dann den gut gewaschenen Lauch
beigeben und kurz aufkochen. Die Sahne darunter mischen,
mit Salz und Pfeffer abschmecken und sofort servieren.

Geflügelgerichte

Man unterscheidet zwischen gezüchtetem und wildem Geflügel. Das letztgenannte wird, genaugenommen, zum Wild gezählt. Wildes Geflügel ist weniger fett, da die Tiere mehr Bewegung haben.

Geflügel ist nicht nur schmackhaft, sondern es enthält auch wichtige Nährstoffe, vor allem Protein, Vitamine und Mineralstoffe (Eisen und Phosphor).

Der Farbunterschied, ob helles oder dunkles Fleisch, spielt in bezug auf die Qualität keine Rolle, hingegen das Alter des Tiers.

Junges Geflügel, das von der guten Küche bevorzugt wird, ist daran zu erkennen, daß es lange Beine, weiche Haut und einen spannkräftigen (nicht verknöcherten) Brustknochen hat. Die Krallen sind nicht abgenutzt, der Kamm ist rot, die Luftröhre weich und biegsam.

Junges Wildgeflügel hat ebenfalls einen weichen Brustknochen, einen nicht allzu harten Schnabel und Daunen unter den Federn. Junge Rebhühner müssen gelbe Füße haben. Für Fasane ist die beste Zeit zwischen Oktober und Anfang Februar. Wird der Fasan bei zu hoher Temperatur oder zu lange gekocht, wird er trocken. Um dies zu verhindern, sollte man ihn bardieren, das heißt, man bedeckt die Brust mit dünnen Speckscheiben. Fasane dürfen höchstens zwei Tage hängen; am besten werden sie sofort zubereitet.

Alte Hennen, die an einem kleinen, matten Kamm und, wenn sie gebrütet haben, an roten Flecken unterhalb der Brust zu erkennen sind, verwendet man als Suppenhühner. Unter einer Poularde ist ein Masthuhn zu verstehen.

Masthuhnbrüste in Teig
Paul Bocuse

Blanc de volaille Paul Bocuse

Dieses Gericht ist Paul Bocuse gewidmet, den ich für einen der größten Köche halte. Sein kulinarischer Einfluß macht sich weltweit geltend, und ich schätze mich glücklich, daß ich unter ihm arbeiten konnte. Seine Küche, in der alles wie am Schnürchen läuft, bringt die köstlichsten Gerichte hervor. Paul Bocuse ist bekannt für seinen Fleiß, und er hat den Spitznamen »Ansporner« erhalten. Ihm gebührt Dank für das, was er für unseren Beruf getan hat.

*4 Poulardenbrüste (je 130 g) · Salz · frisch-
gemahlener Pfeffer · 20 g Butter · 60 g feingehackte rohe Champignons · 60 g Geflügelmousseline (Rezept Seite 43) · 4 halbe Pfannkuchen (Rezept Seite 200) · 200 g Blätterteig (Rezept Seite 48) · 1 Eigelb · 1,5 dl Trüffelsauce (Rezept Seite 55)*

Die gewürzten Hühnerbrüste werden in Butter gebraten, ohne daß sie bräunen.

Man mischt die gehackten Champignons mit der Geflügel-mousseline und würzt mit Salz und Pfeffer. Die Mischung wird auf die abgekühlten Hühnerbrüste gelegt.

Man bedeckt jede Hühnerbrust mit einem halben Pfannkuchen und rollt sie ordentlich in Blätterteig ein. Es ist wichtig, daß die Geflügelknochen mit eingewickelt werden. Außerdem muß man darauf achten, daß der Teig nicht mit dem Fleisch in Berührung kommt, sonst ist es sehr schwer, ihn richtig durchzubacken.

Die Teighülle wird mit Eigelb bestrichen. Man läßt die ein-gehüllten Hühnerbrüste 30 Minuten stehen, dann werden sie bei 200°C 12 bis 15 Minuten lang im Ofen gebacken.

Die Trüffelsauce wird für sich serviert.

Masthuhnbrüste mit Banane

Délice de volaille farci à la banane

*4 Poulardenbrüste ohne Haut und Knochen
(je ungefähr 100 g) · ein paar Tropfen
Angostura-Bitter · Salz · frischgemahlener
Pfeffer · 4 Scheiben Schinken, dünn geschnitten · 50 g Butter · 4 kleine Bananen ·
etwas Mehl · 1 Ei · 100 g Weißbrotbrösel ·
2 dl Currysauce (Rezept Seite 57)*

Die Brüste werden flachgedrückt und mit Salz, Pfeffer und
Angostura-Bitter gewürzt.

Man schmort die Schinkenscheiben schnell in Butter und
legt sie auf das Fleisch.

Man zerschneidet die Bananen (wenn nötig, längs ausstechen), legt sie auf den Schinken und rollt alles sorgfältig zusammen. Mit Mehl, Ei und Brösel panieren.

Dann in Butter, die nicht zu heiß sein darf, goldbraun braten.

Die Currysauce wird separat serviert.

Anmerkung
Es empfiehlt sich, die Hühnerbrüste, ganz oder in Scheiben
geschnitten, auf Reis anzurichten.

Mit Mango gefüllte Masthuhnbrüste

Blanc de volaille à la mangue

*4 Poulardenbrüste ohne Haut (je 150 g) ·
Salz · frischgemahlener Pfeffer · 120 g Mango,
in Würfel geschnitten · 2 Eier · 50 g Kokosflocken · 50 g Weißbrotbrösel · 50 g geklärte
Butter · 200 g Zucchetti, blanchiert und in
Scheiben geschnitten · 200 g Karotten ·
20 g Butter · etwas Zucker*

Die enthäuteten und geputzten Poulardenbrüste werden
der Länge nach aufgeschnitten. Die Seitenstücke lösen und
die Brüstchen leicht klopfen und würzen. Mit den Mango-
würfeln füllen und die Seitenstücke darüber legen. Mit
Mehl bestäuben, mit den geschlagenen Eiern bepinseln.
Man mischt nun Brösel und Kokosflocken und dreht die
Brüstchen in der Mischung.

In der geklärten Butter, die nicht zu heiß sein darf, werden
sie goldbraun gebraten.

Die in Butter geschmorten Zuchettischeiben werden mit
glasierten Karotten gemischt. Zum Glasieren läßt man das
Gemüsewasser fast vollständig einkochen und gibt etwas
Zucker hinein.

Die Hühnerbrüste werden auf dem Gemüse angerichtet,
mit brauner Butter beträufelt und sofort aufgetragen.

Masthuhnbrüste mit Pilzsauce

Blanc de volaille sous cloche

*4 Poulardenbrüste ohne Haut (je 160 g) ·
Salz · frischgemahlener Pfeffer · 40 g Butter ·
1 dl Weißwein · 3 dl Sahne · 50 g Butter
(zum Binden) · 3 dl Geflügelfond · 200 g kleine
rohe Champignons*

Die Poulardenbrüste würzen und in Butter dämpfen, ohne
daß sie braun werden. Man gießt die Butter ab, fügt Weißwein hinzu und läßt einkochen.
Geflügelfond und Champignons dazugeben, zum Kochen
bringen, zudecken und leicht kochen lassen, bis das Fleisch
gar ist.
Man nimmt die Poulardenbrüste heraus und stellt sie warm.
Dann rührt man die Sahne in die Brühe, die man bis zur gewünschten Konsistenz einkochen läßt.
Die Sauce sorgfältig mit fester Butter binden und mit Salz
und Pfeffer abschmecken.
Man legt die Poulardenstücke auf gewärmte Teller, übergießt sie mit der Sauce und stülpt eine kleine Glasglocke
darüber.

Perlhuhnbrust mit schwarzen
und grünen Oliven

*Suprême de pintadeaux
aux olives noires et vertes*

*2 junge Perlhühner (je 1,2 kg) · Salz · frischge-
mahlener Pfeffer · 0,2 dl Olivenöl · 20 g Butter
· 0,5 dl Madeira*

Sauce

10 g feingehackte Schalotte · 10 g Butter ·
0,5 dl Weißwein · 40 g gedämpfte Tomaten-
würfel (Rezept Seite 60) · 2 dl Perlhuhnfond
(mit dem Gerippe zubereitet) · 2 dl Madeira-
sauce (Rezept Seite 56) · 8 schwarze
Oliven ohne Kern, in Würfel von $\frac{1}{2}$ cm ge-
schnitten · 8 grüne Oliven ohne Kern, in Würfel
von $\frac{1}{2}$ cm geschnitten · 8 grobgehackte
Estragonblätter · 40 g Butter (zum Binden) ·
Salz · frischgemahlener Pfeffer

Die Perlhühner werden gerupft, abgesengt und ausgenommen.

Die Brust trennt man sorgfältig ab, beklopft sie leicht und würzt sie mit Salz und Pfeffer. Die Brüste werden in Olivenöl und Butter saftig gebraten und warm gestellt. Das Fett gießt man ab. Man löscht den Fond mit Madeira ab, läßt ihn ein wenig einkochen und fügt ihn der Sauce bei. Man übergießt die Brüste mit der Sauce.

Die Sauce wird folgendermaßen zubereitet:

Die gehackte Schalotte wird in der Butter gedünstet, ohne daß sie Farbe annimmt. Weißwein hinzufügen und zum Kochen bringen. Dann kommen Tomaten und Perlhuhnbrühe dazu, und man läßt zur Hälfte einkochen. Madeirasauce dazugeben und kochen lassen, bis eine leicht dickflüssige Sauce entstanden ist. Oliven und Estragon beifügen, mit Butter binden und mit Salz und Pfeffer abschmecken.

Die Perlhuhnbrüste legt man im vorgewärmten Teller in die Sauce. Sofort auftragen.

Gedämpfte Stubenküken

Coquelet à la vapeur

4 Stubenküken · 200 g Kalbsbries (Milken) ·
160 g Hühnerfleisch · 50 g gehackte Zwiebel ·
20 g Butter · 120 g Champignons, in Würfel
geschnitten · 50 g Morcheln · Salz · frischge-
mahlener Pfeffer · 1 dl Portwein · 4 dl Ge-
flügelfond · 30 g Karotten, in Streifen
geschnitten · 40 g Spargelspitzen · 30 g feine
grüne Bohnen, blanchiert · 10 g Perlzwiebeln,
blanchiert · 5 g frische Morcheln (zum
Garnieren)

Sauce

10 g Karotten, in Streifen geschnitten ·
10 g Zuchetti, in Streifen geschnitten ·
10 g Champignons · 100 g Karottenkraut ·
3 dl Geflügelfond · 20 g Weichkäse · 1 dl Sahne ·
Zitronensaft · Salz · frischgemahlener Pfeffer

Kalbsbries und Hühnerfleisch werden enthäutet und geputzt.
Man dünstet die Zwiebel in Butter, fügt Bries, Hühnerfleisch, Champignons und Morcheln hinzu und würzt mit
Salz und Pfeffer. Dann gießt man Geflügelbrühe und Portwein zu und läßt sachte kochen.
Bries, Hühnerfleisch, Champignons und Morcheln werden
herausgenommen, abgekühlt und dann in kleine Würfel geschnitten. Die Brühe wird stark eingekocht.
Man mischt die Bries-, Hühnerfleisch-, Champignon- und
Morchelstücke gründlich, fügt sie der Sauce zu und füllt die
ausgenommenen Küken mit der Mischung.
Sie werden in Alufolie gewickelt und etwa 20 Minuten lang
über Dampf gegart.
Kurz vor dem Ende der Kochzeit kommt das Gemüse dazu,
das *al dente* gedämpft wird.

Die Küken werden in die Sauce gelegt und mit dem Gemüse garniert.
Die Sauce bereitet man folgendermaßen zu:
Das gewaschene Gemüse kocht man im Geflügelfond. Abkühlen lassen und pürieren.
Man erhitzt das Püree und verdünnt es, wenn nötig, mit etwas Geflügelbrühe.
Das Karottengrün wird entstielt, gewaschen, blanchiert, püriert und der Sauce beigegeben. Zuletzt kommen Weichkäse und Sahne hinein.
Mit Zitronensaft, Salz und Pfeffer abschmecken.

Stubenküken mit Gemüse
vom Grill

Poussin aux légumes grillés

*4 Stubenküken · 2 dl Olivenöl · 220 g neue
Kartoffeln, geschält und in Scheiben geschnitten
· 200 g Broccoli, in Stücke geschnitten ·
100 g junge Karotten mit Grün · 120 g kleine
Zuchetti · 100 g junger, zarter Lauch,
in etwa 6 cm lange Stücke geschnitten ·
100 g gedünstete Tomaten · Salz · frischgemahlener Pfeffer*

Man schneidet die Küken am Rücken auf, drückt sie flach und trennt die Beine ab, die anderweitig verwendet werden können. Mit Salz und Pfeffer würzen.
Die Küken und das Gemüse werden getrennt ungefähr 30 Minuten lang in Öl mariniert.
Beides wird auch getrennt bei mäßiger Hitze gegrillt. Das Gemüse salzt man erst kurz vor dem Anrichten.
Küken und knusprig gegrilltes Gemüse werden hübsch arrangiert, die gedämpften Tomaten nach Geschmack würzen und separat servieren.

Masthuhn nach römischer Art

Pollo alla Romana

1 Masthuhn (2,2 kg) · 40 g geschmolzenes
Hühnerfett · 50 g Zwiebel, in Scheiben
geschnitten · 1 feingehackte Knoblauchzehe ·
100 g frische Champignons · 100 g rote
Paprikaschoten, geviertelt · 100 g grüne
Paprikaschoten, geviertelt · 100 g gelbe
Paprikaschoten, geviertelt · 200 g Tomaten, in
Würfel geschnitten · 2 dl Weißwein ·
6 dl Geflügelfond · etwas frischer Thymian,
Majoran und Rosmarin · 4 Basilikumblätter ·
gehackte Petersilie · Salz · frischge-
mahlener Pfeffer

Das ausgenommene Huhn wird in 8 Stücke zerlegt.
Man brät die Fleischstücke in Hühnerfett, fügt Zwiebel,
Knoblauch, Champignons und Paprikaschoten hinzu und
mischt gut.
Dann bringt man alles mit Weißwein, Geflügelbrühe und
Tomatenwürfeln zum Kochen.
Die vier Kräuter beifügen, zudecken und bei mäßiger Hitze
im Ofen 10 Minuten lang kochen lassen. Dabei ist darauf zu
achten, daß die Paprikaschoten der Farbe wegen nicht zerkocht werden.
Man nimmt Hühnerstücke und das Gemüse heraus, läßt die
Sauce zur gewünschten Konsistenz einkochen, schmeckt
mit Salz und Pfeffer ab und richtet die Speise in einer Schüssel gefällig an. Die Sauce wird darüber gegossen. Mit gehackter Petersilie bestreuen.

Masthuhn mit Krebsen

Poularde sauteé aux écrevisses

*1 Poularde (ungefähr 2,2 kg) · Salz ·
frischgemahlener Pfeffer · 40 g geschmolzenes
Hühnerfett · 40 g Mirepoix · 2 dl Weißwein ·
4 dl Geflügelfond · 2 dl Sahne · 2 dl Krebssauce (Rezept Seite 52) · 50 g Butter (zum
Binden) · 0,3 dl Cognac · 10 g Morcheln, sorgfältig gewaschen · 5 g Butter (zum Braten
der Morcheln) · 8 Krebse, die geschälten Krebsschwänze für sich*

Die ausgenommene Poularde wird in 8 Teile zerlegt.
Die gewürzten Fleischstücke brät man in Hühnerfett, ohne
sie zu bräunen. Man fügt die Gemüsewürfel (Mirepoix) hin-
zu und läßt 5 Minuten lang sorgsam weiterschmoren.
Das Fett abgießen.
Mit Weißwein ablöschen und einkochen lassen. Geflügel-
brühe zugießen, zudecken und 5 bis 15 Minuten im Ofen ko-
chen lassen.
Dann nimmt man das Hühnerfleisch heraus und kocht die
Brühe zur Hälfte ein.
Sahne und Krebssauce dazugeben und bis zur gewünschten
Konsistenz einkochen lassen.
Die Sauce wird durchgeseiht und mit fester Butter gebun-
den, dann mit Cognac, Salz und Pfeffer abgeschmeckt.
Die Fleischstücke werden beim Anrichten mit der Sauce
übergossen. Man garniert mit den in Butter gebratenen
Morcheln sowie den vorgewärmten Krebsschwänzen und
Krebsen.

Masthuhnfrikassee mit Weinessig

Fricassée de volaille au vinaigre

*1 Masthuhn (2,2 kg) · Salz · frischgemahlener
Pfeffer · 40 g geschmolzenes Hühnerfett ·
50 g feingehackte Schalotte · 1,5 dl Weißwein-
essig · 1 dl Weißwein · 3 dl heller Geflügelfond ·
etwas Fleischextrakt · 100 g Tomaten,
in Würfel geschnitten · 40 g Butter (zum
Binden) · gehackte Petersilie*

Das ausgenommene Huhn wird in 8 Teile zerlegt.

Man würzt die Teile mit Salz und Pfeffer und brät sie in Hühnerfett, ohne daß sie bräunen.

Das Fett wird abgegossen. Man fügt die Schalotte hinzu und dünstet weiter.

Zuerst kommt der Weinessig dazu, dann der Weißwein. Ein wenig einkochen lassen und die Geflügelbrühe zugießen.

Man gibt Fleischextrakt bei und läßt die Flüssigkeit 10 bis 15 Minuten lang im Ofen kochen.

Danach werden die Fleischteile herausgenommen und warm gestellt.

Die Sauce wird um die Hälfte eingekocht und durchgesiebt.

Die Tomatenwürfel hinzufügen, allmählich die feste Butter hineinrühren, mit Salz und Pfeffer abschmecken.

Die Hühnerteile werden in einer Schüssel mit der Sauce übergossen und mit etwas gehackter Petersilie bestreut.

Gegrillte Entenbrust Nossi-Bé

Poitrine de canard grillé — Nossi-Bé
(Abb. Seite 161)

Nossi-Bé ist ein Berg auf der Insel Madagaskar, die für ihren Pfeffer berühmt ist.

2 Enten (ungefähr 2,5 kg) · Salz · frisch-
gemahlener Pfeffer · 0,2 dl Erdnußöl ·
20 g Butter · 30 g Rohzucker · 2 Äpfel (100 g) ·
0,5 dl Weißwein · 20 g grüne Pfefferkörner ·
2 dl brauner Entenfond

Kopf und Hals der ausgenommenen Enten werden abgeschnitten, die Beine sorgfältig abgetrennt (für anderweitige Verwendung). Schlüsselbeine und Rückgrate werden herausgeschnitten und zerhackt (man kann die Knochen mitsamt dem Hals für die Zubereitung der Entenbrühe verwenden).
Die flachgedrückten Brüste schneidet man je in 2 Teile. Haut und Knochen entfernen, leicht mit Öl bepinseln und unter dem heißen Grill braten.
Derweil mischt man Butter und Rohzucker und stellt eine leichte Karamelle her, der die geschälten, in je 8 Stücke geschnittenen Äpfel beigefügt werden. Den Weißwein zugießen und 2 bis 3 Minuten lang leicht kochen lassen.
Das Entenfleisch, das nicht zu stark gebraten werden darf — sonst trocknet es aus —, wird auf einer Platte angerichtet und mit den glasierten Äpfeln und den grünen Pfefferkörnern garniert. Die Sauce serviert man separat.

Fasanenbrüste mit Mandeln

Suprême de faisan aux amandes

*2 junge Fasane · Salz · frischgemahlener
Pfeffer · 120 g ungesalzener Speck (oder
Bardierspeck) · 40 g Butter · 0,5 dl trockener
Sherry · 50 g Mandelsplitter (nicht geröstet)*

Sauce

*Gerippe der Fasanen · 0,2 dl Erdnußöl ·
10 g Schalotte, gewürfelt · 30 g Sellerie, gewürfelt · 30 g Karotte, gewürfelt · $\frac{1}{2}$ Lorbeerblatt · $\frac{1}{2}$ Thymianzweiglein · 1,5 dl Weißwein ·
2 dl Wildfond · 30 g Butter (zum Binden) ·
Salz · frischgemahlener Pfeffer*

Die Brüste werden sorgfältig von den Karkassen gelöst und
mit Salz und Pfeffer gewürzt.
Jede Brust wird für sich in dünne Speckscheiben gewickelt
und mit einem feinen Kochfaden zusammengebunden.
Die Hälfte der Butter in der Pfanne zergehen lassen. Darin
werden die Fasanenbrüste im heißen Ofen 5 bis 6 Minuten
lang gebraten, wobei man sie sehr oft begießt.
Dann nimmt man sie heraus und stellt sie warm.
Das Fett wird weggegossen, der Fond mit Sherry abgelöscht.
Zum Kochen bringen und der Sauce beifügen.
Das Fleisch schneidet man in gleichmäßig dünne Scheiben.
Die Mandelsplitter werden in der übrigen Butter goldbraun
geröstet. Man streut sie gleichmäßig über das Fleisch.
Die Sauce, die für sich serviert wird, bereitet man folgen-
dermaßen zu:
Gerippe, Beine und Hals der Fasane werden in kleine Stücke
gehackt, die man auf allen Seiten in heißem Öl brät.
Schalotte, Sellerie, Karotte und Kräuter hinzufügen und
langsam im Ofen kochen lassen, wobei man öfters kostet,
um den Geschmack zu prüfen.

Das Fett abgießen und den Weißwein zugießen.

Die Geflügelbrühe wird hinzugefügt, und man läßt alles ungefähr 30 Minuten lang leicht kochen.

Die Brühe wird abgeseiht und dann bis zur gewünschten Konsistenz eingekocht.

Mit Butter binden und mit Salz und Pfeffer abschmecken.

Rebhühner mit Weintrauben

Perdreau rôti aux raisins de muscat

*4 junge Rebhühner · Salz · frischgemahlener
Pfeffer · 40 g Butter · 0,3 dl Sherry · 0,5 dl Wildfond · 200 g weiße Muskatellertrauben,
geschält und entkernt · 150 g Blätterteig
(Rezept Seite 48)*

Die ausgenommenen Rebhühner werden zusammengebunden.

Man würzt sie außen und innen mit Salz und Pfeffer.

Dann brät man sie sachte in heißer Butter, bis sie braun, aber nicht ganz gar sind.

Sie werden aus der Kasserolle genommen und vom Faden befreit. Man gießt das Fett ab und löst den Fond mit Sherry auf, fügt die Brühe sowie die Trauben hinzu und legt die Rebhühner hinein. Man würzt die Sauce nach Geschmack, deckt die Kasserolle zu und versiegelt den Deckel ringsum mit Blätterteig.

Im heißen Ofen 7 bis 8 Minuten backen.

Die Rebhühner werden in der geschlossenen Kasserolle aufgetragen.

Gefüllte Wachteln

Duo de cailles farcies au riz sauvage

8 Wachteln · Schweinenetz · 40 g Butter ·
20 g Karotte, feingehackt · 5 g Schalotte, feingehackt · 20 g Stangensellerie, feingehackt ·
8 Wacholderbeeren · 0,5 dl Madeira ·
2 dl Geflügelfond · 0,5 dl Fleischextrakt

Füllung

5 g feingehackte Schalotte · 10 g Butter ·
Leber und Herz der Wachteln, klein gewürfelt ·
120 g gekochter wilder Reis (Kochzeit 40
bis 45 Minuten) · 20 g Äpfel, klein gewürfelt ·
0,4 dl Sahne · 1 Eigelb · etwas Thymian

Die Wachteln werden mit einem scharfen Messer im Rük-
ken durchgeschnitten und von den Karkassen getrennt. Leber und Herz stellt man für die Füllung zur Seite.
Man entfernt den Brustknochen und zieht den Oberschen-
kelknochen heraus. Die Wachteln werden mit Salz und Pfeffer gewürzt und mit der Farce (siehe unten) gefüllt.
Man gibt den Wachteln wieder die ursprüngliche Form und
bindet jede mit einem dünnen Faden zusammen. Sie werden einzeln in Schweinenetz gewickelt und gewürzt. Dann
werden sie in heiße Butter gelegt und auf beiden Seiten angebraten.
Man fügt das gehackte Gemüse und die Wacholderbeeren
hinzu und läßt die Wachteln im heißen Ofen 15 bis 20 Minuten lang knusprig braten, wobei sie fleißig begossen werden.
Man nimmt die Wachteln heraus und stellt sie warm.
Das Fett wird abgegossen, der Fond mit Madeira abgelöscht.
Nun fügt man die Geflügelbrühe hinzu und läßt zur Hälfte
einkochen.
Den Fleischextrakt dazugeben, aufkochen lassen und die

Sauce durch ein Haarsieb streichen. Mit Salz und Pfeffer abschmecken.

Die Wachteln werden aus dem Netz gewickelt, in eine Schüssel gelegt und mit der Sauce übergossen.

Die Füllung wird folgendermaßen zubereitet:

Man dünstet die Schalotte in Butter, würzt Herz- und Leberteile, brät sie und stellt sie kühl.

Sie werden dann mit dem in viel Salzwasser gekochten wilden Reis und mit den Apfelwürfeln vermischt.

Man fügt Sahne hinzu und bindet mit Eigelb. Mit Salz, Pfeffer und Thymian abschmecken.

Wildgerichte

Wildbret ist die Bezeichnung für das Fleisch des Wildes. Zum Haarwild werden gezählt: Reh, Hase, Hirsch, Gemse, usw. Das Fleisch des Haarwildes ist demjenigen der Schlachttiere gleichzustellen. Es hat zartes, weiches Fleisch und ist leicht verdaulich. Im Nährgehalt ist es ebenfalls dem Schlachtfleisch ebenbürtig. Seine Vollwertigkeit erlangt es im Herbst, d.h. während der Jagdzeit.

Reh-Mignons mit Petersilienpüree

Mignons de chevreuil à la purée de persil

12 Reh-Mignons (je 40 g) · Salz · frischge-mahlener Pfeffer · 20 g Butter · 2 dl Rotwein (Burgunder) · 4 dl Wildfond · 50 g Butter (zum Binden) · 2 dl Ochsenblut · 400 g kleine Pfifferlinge (Eierschwämme) · 3 g feingehackte Schalotte · 250 g Petersilie ohne Stiel · 0,5 dl Sahne

Die Reh-Mignons werden auf beiden Seiten mit Salz und Pfeffer gewürzt, in der Butter rötlich gebraten und warm gestellt.
Man gießt das Fett ab, löscht den Fond mit Rotwein ab und läßt ihn einkochen.
Dann kommt die Wildbrühe hinzu, und man läßt wieder einkochen. Nach und nach werden Butter und Ochsenblut hineingerührt. Die Sauce darf nicht aufkochen. Sie wird

durchgeseiht und nach Geschmack mit Salz und Pfeffer gewürzt.

Die geputzten Pfifferlinge schmort man zusammen mit Schalotte in Butter und würzt sie ebenfalls nach Geschmack.

Die gutgewaschene Petersilie wird mit ein wenig Wasser und Butter gedämpft und dann ohne Wasser püriert. Zum Schluß fügt man die Sahne zu und würzt nach Geschmack mit Salz und Pfeffer.

Die Reh-Mignons werden in der Sauce angerichtet und mit den Pfifferlingen garniert. Das Petersilienpüree serviert man separat.

Reh-Medaillons à la Belle Forestière

Médaillons de chevreuil belle forestière

*8 Reh-Medaillons (je 70 g) · Salz · frisch-
gemahlener Pfeffer · 40 g Butter · 10 g feingehackte Schalotte · 100 g kleine Champignons ·
50 g Steinpilze, in Scheiben geschnitten ·
50 g kleine Pfifferlinge (Eierschwämme) ·
50 g kleine Morcheln · 0,5 dl Cognac ·
1 dl Madeira · 3 dl Wildfond · 2 dl Sahne ·
etwas gehackte Petersilie*

Die geputzten Reh-Medaillons werden gewürzt und in der Butter auf beiden Seiten gebraten, aber nicht gebräunt.

Das Fett gießt man ab. Die gehackte Schalotte läßt man kurze Zeit in der Pfanne dünsten. Dann fügt man die Pilze hinzu und würzt mit Salz und Pfeffer. Man flambiert die Medaillons mit Cognac und Madeira und fügt danach die Wildsauce hinzu.

Ein wenig einkochen lassen und die Sahne dazugeben. Man läßt die Sauce aufkochen und schmeckt sie ab.

Die Reh-Medaillons werden mit der Sauce übergossen und mit Petersilie garniert.

Hasenrücken mit Wildsauce

Râble de lièvre rôti au sang

2 mittelgroße Hasenrücken · 40 g Butter ·
Wildsauce (Rezept Seite 56)

Marinade

20 g Karotte, feingehackt · 10 g Schalotte, fein-
gehackt · 80 g Stangensellerie, feingehackt
· 2 Wacholderbeeren · 2 Knoblauchzehen ·
½ Lorbeerblatt · etwas Thymian · Salz
· frischgemahlener Pfeffer · 0,5 dl Rotwein

Mit einem Messer entfernt man Sehnen und Nerven aus
dem Fleisch.

Man legt die gutgeputzten Hasenrücken in eine tiefe Schüssel. Die Bestandteile der Marinade werden gemischt. Man
gießt die Marinade über das Fleisch.

Mit Pergamentpapier zudecken und das Fleisch 12 Stunden
lang marinieren.

Dann nimmt man die Hasenrücken heraus und würzt sie
leicht mit Salz und Pfeffer.

Sie werden in heißer Butter im vorgeheizten Ofen auf beiden Seiten 10 bis 12 Minuten rosa gebraten. Das Fett gießt
man ab. Die Marinade etwas einkochen lassen und anschließend passieren. Diese Sauce wird mit der Wildsauce gemischt.

Das Fleisch wird mit einem Teil der abgeschmeckten Sauce
übergossen. Den Rest der Sauce serviert man für sich.

Gemüse-, Kartoffel- und Pilzgerichte

Dem Gemüse fällt bei der Zubereitung und Präsentation eines Essens eine bedeutende Rolle zu. Es gibt unzählige Gemüsesorten und Zubereitungsarten, und die Verschiedenheit des Geschmacks ist fast unerschöpflich. Gemüse vervollständigt kleine und große Speisen und ergänzt ein Menü auf vollkommene Weise. Überdies ist es besonders wertvoll wegen seines Gehalts an Vitaminen, Spurenelementen und essentiellen Fetten. Damit nicht genug, es liefert auch den pflanzlichen Rohfasergehalt, der für Verdauung und Stoffwechsel so wichtig ist. Da den Bestandteilen des Gemüses ein unabdingbarer Nährwert zukommt, muß es mit großer Sorgfalt behandelt und zubereitet werden. Frisches Gemüse sollte sofort Verwendung finden, niemals darf es zerkocht werden.

Bei der Zubereitung von grünen Bohnen, Erbsen, Spinat und Spargel sind die folgenden Regeln zu beachten: Man erhitzt viel Wasser, dem man je Liter 10 g Salz beifügt, in einem Topf ohne Deckel. Sobald das Wasser siedet, kommt das Gemüse hinein, und man läßt es die ganze Zeit kochen. Bevor das Gemüse ganz weich ist, nimmt man es schnell heraus, würzt es und trägt es sofort auf, wenn es keiner weiteren Zubereitung bedarf. Man kann es zum Beispiel vorher noch in Butter schwenken. Wenn das Gemüse nicht sofort auf den Tisch kommt, ist es ratsam, es im eigenen Kochwasser oder in Gemüsebrühe auf Eis zu setzen. Das hat den Vorteil, daß es nicht an Geschmack einbüßt.

Immer ist zu bedenken, daß Gemüse knackig sein muß. Wird es zu lange gekocht, so erleiden Aroma, Farbe, Form und Nährwert starke Einbußen. Manche Vitamine werden sogar teilweise oder vollständig zerstört. Chlorophyll und andere Farbstoffe können sich stark verändern. Dem zerkochten Gemüse werden Wasser- und Fettgehalt mehr als nötig entzogen, und das Ergebnis ist ausgetrocknetes, fades Gemüse.

Artischockenböden
Der Stiel der Artischocke muß von Hand abgebrochen werden; wenn man ihn abschneidet, lassen sich die Fasern nicht entfernen. Die Blätter entfernt man eins ums andere; die Spitzen der Artischocken werden mit einem scharfen Messer zu etwa drei Viertel abgeschnitten. Die Spreublättchen und Haare am Boden schabt man vorsichtig mit einem Apfelausstecher oder einem kleinen Löffel weg. Der Artischockenboden sollte eine glatte runde Form behalten, ohne daß zuviel weggeschnitten wird. Man reibt die Artischokkenböden mit Zitrone ein und bewahrt sie in kaltem Zitronenwasser bis zum Gebrauch auf.

Gekocht werden Artischockenböden in zwei Phasen. Als erstes bringt man etwas Wasser, dem Zitronensaft, ein wenig Olivenöl und Salz beigefügt werden, zum Kochen und blanchiert darin die Artischockenböden 3 bis 4 Minuten. Als zweites bringt man Wasser, dem Salz, Kalbsnierenfett und ein wenig Zitronensaft beigefügt werden, zum Kochen. Man gibt die Artischockenböden hinein, deckt den Topf zu und läßt sie leicht kochen bis sie gerade gar sind. In diesem Wasser läßt man sie abkühlen.

Im ersten Wasser, das mehr Zitronensaft enthalten soll, bleiben die Artischockenböden weiß. Im zweiten, das weniger Zitronensaft enthält, behalten sie ihre weiße Farbe, aber ihr Geschmack verbessert sich.

Wenn die Artischockenböden nicht sofort verwendet werden, müssen sie unbedingt in ihrer Brühe abkühlen, sonst verlieren sie ihre weiße Farbe und büßen an Geschmack ein.

Artischockenpüree

Purée d'artichauts

350 g gekochte Artischockenböden ·
1,5 dl Sahne · 30 g Butter · etwas Zucker ·
Salz · frischgemahlener Pfeffer

Die gut abgegossenen Artischockenböden werden durch ein
feines Sieb gestrichen. Man kocht die Sahne zur Hälfte ein
und mischt sie mit dem Püree. Zum Schluß rührt man die
Butter hinein. Mit Zucker, Salz und Pfeffer abschmecken.

Anmerkung
Dieses delikate Püree eignet sich besonders gut als Beigabe
zu Lammgerichten.

Warme Artischocken

Artichauts tièdes

4 große Artischocken · 3 l Wasser · 1 Zitrone ·
Salz · 0,2 dl Olivenöl

Die Artischocken werden sauber gewaschen und die unte-
ren Blätter entfernt.
Den Stiel knapp über dem Artischockenboden unter leichter
Drehung abbrechen (nicht abschneiden, weil sonst die harten Fasern nicht aus dem Boden gezogen werden können).
Mit einem Messer die Artischockenböden glatt schneiden
und mit etwas Zitrone einreiben. Vom oberen Teil der Artischocken ca. 2,5 bis 3 cm waagrecht mit einem scharfen
Messer abschneiden, die Spitzen der restlichen Artischok-
kenblätter mit einer Küchenschere stutzen. Jede Artischok-
ke unten und oben mit je einer Zitronenscheibe belegen
und mit einem Faden vorsichtig binden.
Das Salzwasser, Zitronensaft und Olivenöl in einem passen-

den Geschirr (Chromstahl) zum Kochen bringen, die Artischocken hineingeben und 25 bis 30 Minuten kochen lassen, nicht zudecken. Artischocken herausnehmen und mit dem Boden nach oben auf einem Gitter abtropfen lassen.

Die ausgekühlten Artischocken vom Faden befreien und die Blätter etwas auflockern.

Mit 3 Fingern (oder mit Hilfe einer Gabel) greift man in die Mitte der Artischocke und zieht vorsichtig die Blüte heraus, welche man auf die Seite legt, um sie später als Dekoration zu verwenden.

Die restlichen Haare, welche sich am Boden befinden, werden mit einem Kaffeelöffel vorsichtig entfernt.

In die Öffnung setzt man die Blüte umgekehrt als Dekoration. Dazu wird Quarksauce serviert.

Anmerkung

Die Artischocken sind dann genügend gekocht, wenn sich ein Blatt mühelos aus dem Boden ziehen läßt oder wenn man mit einem spitzen Messer den Boden leicht durchstechen kann.

Quarksauce mit Kräutern

150 g Sahnequark · 1 kleiner Becher Joghurt
natur · 1 Prise Paprika · 20 g Kräuter
(Schnittlauch oder Petersilie) · Salz · Pfeffer
aus der Mühle

Quark und Joghurt miteinander verrühren, und mit Paprika, Salz und Pfeffer abschmecken. Die feingehackten Kräuter dazugeben und gut mischen.

Artischockenböden mit frischen Korianderblättern

Fonds d'artichauts
aux feuilles de coriandre

6 mittelgroße Artischockenböden · 1,5 dl Sahne ·
20 g Butter · 0,5 dl Weißwein · 1 dl Kalbs-
brühe (Rezept Seite 34) · 20 g feingehackte
Schalotte · etwas Dijon-Senf · wenig Zitronen-
saft · einige frische Korianderblätter ·
Salz · Pfeffer aus der Mühle

Die Artischockenböden zubereiten wie auf Seite 186 beschrieben.

Die Schalotten in Butter anziehen, ohne ihnen Farbe zu geben.

Die in Viertel geschnittenen Artischockenböden beigeben und gut dünsten.

Mit dem Weißwein ablöschen und einkochen lassen. Dann die Kalbsbrühe beifügen und das Ganze etwa 10 Minuten zugedeckt garen.

Wenn die Flüssigkeit bis fast zur Glace eingekocht ist, die Sahne beigeben und etwas reduzieren, den Senf daruntermischen und mit Salz und Pfeffer abschmecken. Zum Schluß mit den grobgehackten Korianderblättern garnieren.

Karotten und Spinat in Förmchen

Subric d'épinards et de carottes

200 g junge Karotten, geschält · 0,5 dl Sahne ·
20 g Butter · ½ Eiweiß · Salz · frischge-
mahlener weißer Pfeffer · eine Prise Zucker ·
350 g junge Spinatblätter · 1 dl Sahne ·
½ Eiweiß · etwas Muskatnuß

Die Karotten werden in wenig Salzwasser gar gekocht.
Man püriert sie und zieht Sahne und Butter darunter.
Dann fügt man das leicht geschlagene Eiweiß hinzu, mit
Zucker, Salz und weißem Pfeffer abschmecken.
Die Spinatblätter werden in Salzwasser blanchiert. Man läßt
sie trocknen.
Sie werden ebenfalls püriert und mit der Sahne vermischt.
Das leicht geschlagene Eiweiß hinzufügen. Mit Salz, wei-
ßem Pfeffer und etwas abgeriebener Muskatnuß abschmek-
ken.
Von jedem Püree wird die gleiche Menge in ausgebutterte
Förmchen gefüllt, die man im Ofen 25 bis 30 Minuten lang
sorgfältig im Wasserbad kochen läßt.

Blattspinat

Epinards en feuilles

200 g junger Spinat ohne Stiele · 5 g fein-
gehackte Schalotte · 1 Knoblauchzehe mit
Schale · 20 g Butter · Salz · frischgemahlener
weißer Pfeffer · Muskatnuß

Die gutgewaschenen Spinatblätter läßt man trocknen.
Schalotte und Knoblauchzehe schmort man in der Butter,
ohne daß sie Farbe annehmen.

Die Spinatblätter hinzufügen und dünsten.
Mit Salz, Pfeffer und etwas abgeriebener Muskatnuß ab-
schmecken.
Vor dem Auftragen nimmt man die Knoblauchzehe heraus.

Gratinierter Blattspinat

Gratin de feuilles d'épinards

*600 g junger Spinat ohne Stiele · 10 g fein-
gehackte Schalotte · 30 g Butter · 100 g rohe
Champignons, in Scheiben geschnitten ·
1 dl Sahne · Salz · frischgemahlener weißer
Pfeffer · Muskatnuß · 40 g frischgeriebener Emmentaler Käse*

Der Spinat wird wie im vorigen Rezept zubereitet, nur mit
dem Unterschied, daß statt der Knoblauchzehe die Champignons mit der gehackten Schalotte gedünstet werden. Die
Sahne beigeben.
Nachdem man den Spinat mit Salz, Pfeffer und etwas abgeriebener Muskatnuß abgeschmeckt hat, kommt er in eine
gefettete Form. Man bestreut ihn mit dem Käse und setzt
darauf Butterflöckchen.
Im Ofen unter dem Grill goldbraun backen.

Anmerkung
Es ist wichtig, daß der Spinat durch die Sahne leicht gebunden wird, das heißt, es darf keine Flüssigkeit zurückbleiben.

Junge Krautstiele (Rippenmangold)

Côtes de blette

*800 g junge, knackig frische Krautstiele ·
7 dl Salzwasser · 1 dl Milch · 20 g Butter ·
2 dl Sahne · etwas Zucker · Salz · Pfeffer aus
der Mühle · Muskat · 40 g frischgeriebener Sbrinz*

Die Krautstiele putzen, die Fasern abziehen und die großen
Blätter wegschneiden. Alles in etwa 3 cm breite Streifen
schneiden und sauber waschen.
Salzwasser und Milch zusammen aufkochen, die Krautstiele
dazugeben und blanchieren, herausnehmen und gut abtropfen lassen. Die Butter erwärmen, die Krautstiele beifügen und dünsten.
Mit der Sahne auffüllen und kurz aufkochen.
Etwas Zucker beigeben, mit Salz, Pfeffer und Muskat abschmecken. Das Gemüse in feuerfestem Geschirr anrichten,
mit dem Sbrinz bestreuen und unter dem Salamander oder
im heißen Ofen kurz gratinieren.

Tomaten-Sorbet

Sorbet aux tomates

(Abb. rechts) ▶

*250 g »tomates concassées« (Rezept Seite 60) ·
50 g Tomatenpüree · 2,3 dl Wasser ·
50 g Zucker · 0,4 dl Rotweinessig · ½ Eiweiß ·
frisches Basilikum, in Streifen geschnitten ·
Salz · Pfeffer aus der Mühle*

Wasser, Essig und Zucker aufkochen. Dann gibt man die »tomates concassées« und das Tomatenpüree dazu. Alles durch
ein Sieb passieren und abschmecken.

Die Masse im Tiefkühler gefrieren lassen und während dieses Prozesses Eiweiß und Basilikum beifügen.
Zum Schluß die Masse in ausgehöhlte Tomaten füllen und auf Eis servieren.

Okra mit Tomaten

Okra aux Tomates

600 g frische Okra · Salzwasser · 20 g fein-
gehackte Zwiebel · 50 g Butter · 1 Tomate, ge-
schält und in Filets geschnitten · Salz ·
Pfeffer aus der Mühle

Die Okra sauber putzen und gründlich waschen. In Salzwasser kurz blanchieren und in kaltem Wasser abschrecken.
Die Zwiebeln in 40 g Butter sorgfältig dünsten, ohne ihnen Farbe zu geben. Dann die Okra beigeben und gut sautieren, mit Salz und Pfeffer abschmecken.
In passendem Geschirr anrichten und mit den in der restlichen Butter gewärmten Tomatenfilets garnieren.

Rosenkohlpüree

Mousseline de choux de Bruxelles

300 g Rosenkohl · 1 dl Sahne · 40 g Butter ·
Salz · frischgemahlener weißer Pfeffer ·

Der geputzte Rosenkohl wird blanchiert.
Man kocht ihn in Salzwasser gar und läßt ihn abkühlen.
Dann wird er im Mixer püriert. Das Püree wird zusammen mit der Sahne in einem Topf gewärmt, wobei man die Butter darunter zieht und mit Salz und Pfeffer abschmeckt.
Das Püree wird cremig, wenn man einen Schneebesen benutzt.

◀ Himbeeren im Blätterteig
Feuilletés aux framboises
Rezept Seite 210

Bohnenpüree

Purée d'haricots verts

*350 g grüne Bohnen · etwas Bohnenkraut ·
0,5 dl Sahne · 20 g Butter · Salz · frischgemahlener weißer Pfeffer*

Die geputzten Bohnen werden mit dem Bohnenkraut in
Salzwasser gar gekocht. Abkühlen lassen.
Dann streicht man sie durch ein feines Sieb, wärmt das Püree mit der Sahne und mischt die Butter hinein. Mit Salz
und Pfeffer würzen.

Randenpüree (Rote-Bete-Püree)

Mousseline de betteraves

*250 g rohe Randen (rote Bete) · 20 g Butter ·
1,5 dl Sahne · 1 Ei (Gelb und Eiweiß getrennt) ·
Salz · frischgemahlener weißer Pfeffer*

Die Randen werden geschält und in Scheiben geschnitten.
Man schmort sie in Butter, fügt die Sahne hinzu, deckt den
Topf zu und kocht sie gar.
Man läßt sie ein Weilchen abkühlen und mischt dann das
Eigelb hinein. Durch ein feines Sieb streichen, das leicht ge-
schlagene Eiweiß dazugeben und würzen.
Das Püree wird in ausgebutterte Förmchen gefüllt und bei
mittlerer Hitze im Ofen 35 bis 40 Minuten lang im Wasser-
bad gekocht.

Anmerkung
Folgendes ist bei der Zubereitung zu beachten:
Die Füllung in den Förmchen muß man oben glatt strei-
chen, damit der Pudding beim Stürzen geradesteht. Auf den

Boden des Wasserbades legt man ein Stück Papier, damit sich die Förmchen nicht bewegen. Während des Kochens im Wasserbad müssen die Förmchen zu drei Viertel im Wasser stehen, und das Wasser sollte knapp unter dem Siedepunkt sein, sonst wird der Pudding löchrig. Bevor man den Pudding stürzt, läßt man ihn 4 bis 5 Minuten lang stehen, weil er sich dann leichter aus der Form löst.

Kastanienpüree

Pureé de marrons

850 g Kastanien · 5 dl Milch · 80 g Butter ·
0,2 dl Cognac · Zucker · Salz

Mit der Messerspitze schneidet man die Kastanien an der Seite ein, ohne das Innere zu verletzen.
Man legt sie auf ein Backblech und läßt sie bei mäßiger Hitze 5 bis 7 Minuten lang im Ofen rösten.
Danach werden sie geschält und die braune Haut entfernt.
In einem Topf läßt man sie mit der Milch etwa 20 Minuten lang sieden. Durch ein feines Sieb passieren.
Das Püree wärmt man auf und rührt die Butter mit einem Holzlöffel hinein. Mit Zucker, Salz und Cognac abschmekken.

Anmerkung
Man kann zum Schluß auch Sahne hinzufügen. Kastanienpüree ist eine passende Beigabe zu Wild.

Kartoffeln Anna

Pommes Anna

400 g kleine, mehlige Kartoffeln · 50 g ge-
klärte Butter · etwas Muskat · Salz · Pfeffer
aus der Mühle

Die Kartoffeln werden geschält und gewaschen, dann in etwa 2 mm dicke Scheiben geschnitten und nochmals gewaschen (um die Kartoffelstärke zu entfernen).
Dann die auf einem Tuch getrockneten und gewürzten Kartoffeln schuppenartig in eine gebutterte Form legen.
Mit der restlichen Butter beträufeln und im heißen Ofen
goldbraun backen. Den Gratin aus dem Ofen nehmen, etwa
5 Minuten ruhen lassen und dann stürzen.
Die überflüssige Butter wird entfernt und das Gericht sofort
serviert.

Gratinierte Kartoffeln

Gratin dauphinois

600 g Kartoffeln (längliche Form, ca.
2 cm Durchmesser) · 1 kleine Knoblauchzehe ·
3 dl Sahne · 100 g feingeriebener Käse
(Emmentaler oder Gruyère, gut ausgereift) ·
15 g Butter · Salz · Muskat · Pfeffer aus
der Mühle

Die Kartoffeln werden erst kurz vor der Zubereitung geschält. Dann schneidet man sie in 2 mm dicke Scheiben, legt
sie auf ein Tuch und würzt mit Salz, Muskat und Pfeffer.
Eine Gratinform wird mit der geschälten Knoblauchzehe

ausgerieben, dann schichtet man die gewürzten Kartoffel-
scheiben sorgfältig in die Form und füllt mit der Sahne auf.
Das Gericht muß zugedeckt im Wasserbad im Ofen ca.
1 Stunde garen. 15 Minuten vor dem Servieren Butterflöckchen und Käse darüberstreuen und alles gratinieren.

Anmerkung
Dieser Kartoffelgratin soll goldgelb überkrustet und ja nicht
trocken sein. Er paßt besonders gut zu Lammgerichten.

Kartoffeln nach Hausart
(Schweizer Rösti)

Pommes Maison

*400 g Kartoffeln · 30 g geschmolzenes Hühner-
fett · 30 g Butter · Salz · frischgemahlener
Pfeffer*

Die geschälten und gutgewaschenen Kartoffeln (es sollte
keine mehlige Sorte sein) schneidet man in dünne Stäbchen,
am besten mit einem großlöchrigen Reibeisen.
Die Kartoffelstäbchen werden mit Salz und Pfeffer gewürzt
und in einer großen Pfanne in dem erhitzten Fett und der
Butter gebraten, wobei man sie mit einem Schäufelchen oft
wendet und durcheinander rührt.
Wenn sie leicht gebräunt sind, formt man mit dem Spatel eine Art Kuchen. Man schiebt sie der Mitte zu und klopft sie
oben flach. Dieser »Kuchen« wird auf beiden Seiten goldbraun gebraten.
Unter Umständen muß man etwas Fett zugeben, weil manche Kartoffeln das Fett zu stark aufsaugen. Die Pfanne muß
mehrmals gerüttelt werden, damit die Kartoffelstäbchen zu-
sammenhängen, wenn man den »Kuchen« auf eine flache
Schüssel gleiten läßt.

Linsengericht

Lentilles braisées

*250 g Linsen · 60 g geräucherter Speck,
in Stückchen geschnitten · 10 g Zwiebel, fein
geschnitten · 40 g Karotte, fein geschnitten ·
30 g Lauch, fein geschnitten · 100 g Kartoffeln,
klein gewürfelt · 40 g Tomatenpüree ·
6 dl dunkler Kalbsfond · 1 kleine Knoblauchzehe · 0,1 dl Weinessig · 1 feingehacktes
Sardellenfilet*

Die verlesenen Linsen werden 2 bis 3 Stunden in kaltem
Wasser eingeweicht.

Gemüse und Tomatenpüree läßt man in dem ausgelassenen
Speck schmoren und fügt dann Kalbsbrühe und Knoblauch
hinzu.

Die Linsen werden ohne das Wasser beigegeben und zum
Kochen gebracht.

Mit Salz und Pfeffer würzen, abschäumen und weiterko-
chen, bis die Linsen gar sind.

Die Knoblauchzehe wird herausgenommen.

Ein Viertel der gekochten Linsen püriert man im Mixer und
bindet die übrigen Linsen mit dem Püree.

Zum Schluß fügt man das feingehackte Sardellenfilet und
den Essig hinzu und schmeckt mit Salz und Pfeffer ab.

Anmerkung
Saure Linsen sind eine gute Beigabe zu Lammgerichten.

Gefüllte Morcheln

12 mittelgroße frische Morcheln ·
40 g Kalbshirn · Salz · frischgemahlener Pfeffer ·
etwas Zitronensaft · 20 g Panierbrot ·
0,2 dl Sahne zum Einweichen der Brösel ·
20 g junger Spinat ohne Stiele, blanchiert ·
10 g Sauerampferblätter ohne Stiele ·
einige Kerbelblätter · 10 g Brunnenkresse ·
60 g Geflügelmousseline (Rezept Seite 43) ·
1 dl starker Geflügelfond · 1 dl Madeira ·
0,2 dl Noilly Prat · Salz · frischge-
mahlener Pfeffer

Man putzt die Morcheln, wäscht sie mehrmals unter fließendem Wasser und legt sie zum Trocknen auf ein Tuch.
Das gutgewässerte und enthäutete Kalbshirn pochiert man
in leicht gesalzenem Wasser mit ein wenig Zitronensaft und
läßt es im eigenen Sud abkühlen. Dann wird es herausgenommen und ebenfalls zum Trocknen auf ein Tuch gelegt.
Die Weißbrotbrösel werden mit der lauwarmen Sahne ange-
feuchtet, Spinat, Sauerampfer, Kerbel und Brunnenkresse
fein gehackt.
Die gehackten Kräuter vermischt man gut mit der Geflügelmousseline, den eingeweichten Bröseln und dem grobgehackten Kalbshirn. Mit Salz und Pfeffer würzen.
Mit dieser Masse werden die Morcheln unter Zuhilfenahme
eines Spritzbeutels gefüllt.
Man pochiert sie 15 bis 20 Minuten in einem Kochwasser
aus Hühnerbrühe, Madeira und Noilly Prat, das mit Salz und
Pfeffer gewürzt ist.

Anmerkung
Gefüllte Morcheln können als Beigabe zu verschiedenen
Fleischgerichten serviert werden.

Mais-Pfannkuchen

Crêpes de maïs

300 g Maiskolben · 1,5 dl Milch · 1 dl Sahne ·
1 Ei · 1 Eigelb · 60 g Mehl · etwas Muskat-
nuß · Salz · frischgemahlener Pfeffer ·
20 g Butter (zum Backen der Pfannkuchen)

Die Maiskolben waschen und in der Milch blanchieren. Die
Körner ablösen und grob hacken. Milch, Sahne, Ei, Eigelb
und Mehl verrühren.
Dann fügt man die grobgehackten Maiskörner hinzu und
würzt mit Muskatnuß, Salz und Pfeffer.
Man läßt die Butter in der Bratpfanne schmelzen, schöpft
jeweils mit einem Löffel ein wenig Teig hinein und bäckt die
kleinen Pfannkuchen auf beiden Seiten goldbraun.

Anmerkung
Diese kleinen Mais-Pfannkuchen sind eine sehr gute Beigabe zu gegrilltem und gebratenem Fleisch sowie zu Geflügel.

Champignonpüree Duxelles

Duxelles de champignons

200 g Champignons · 15 g Butter ·
30 g Zwiebeln, fein gehackt · etwas Zitronen-
saft · 20 g weißes Panierbrot · ½ Eigelb ·
1 Prise Zucker · Salz · Pfeffer aus der Mühle

Die rasch in mit wenig Zitronensaft gesäuertem Wasser gewaschenen Champignons leicht ausdrücken und fein hak-
ken. In einer Pfanne die Zwiebel in 10 g Butter dünsten, ohne ihr Farbe zu geben.
Die Champignons beigeben, würzen und auf starkem Feuer
möglichst schnell den sich bildenden eigenen Saft fast ein-

kochen lassen. Das Panierbrot in der restlichen Butter kurz schwenken und den Champignons beigeben.

Das ganze nochmals aufkochen und etwa 5 Minuten ziehen lassen, dann etwas abkühlen lassen, das Eigelb dazu geben und bei mittlerer Hitze abrühren.

Mit Zucker, Salz und Pfeffer abschmecken.

Toast mit frischen Pilzen

Toast aux champignons

*400 g frische Pilze (Pfifferlinge, Steinpilze,
Austernpilze usw.) · 30 g Butter · 10 g feinge-
hackte Schalotte · 2 dl Weißwein · 2 dl brauner
Kalbsfond (Rezept Seite 34) · 2 dl Sahne ·
etwas feingeschnittener Schnittlauch · Salz ·
Pfeffer aus der Mühle · 4 Scheiben Toast ·
4 Scheiben Schinken · 4 Scheiben Käse,
Emmentaler oder Greyerzer*

Die Pilze werden gut geputzt und in gleichmäßige Stücke geschnitten, kleine Pilze kann man ganz lassen.

In kaltem Wasser möglichst schnell waschen.

Die Schalotte vorsichtig in 20 g Butter dünsten. Die Pilze dazugeben und weiter dünsten, dann mit Weißwein ablöschen und würzen.

Die Pilze herausnehmen und warm stellen. Der Fond wird eingekocht und mit dem Kalbsfond und der Sahne aufgefüllt.

Zur gewünschten Dicke einkochen lassen, dann die Pilze in die Sauce zurückgeben und den Schnittlauch beifügen sowie mit Salz und Pfeffer abschmecken.

Die in Butter gewärmten Schinkenscheiben auf den frisch zubereiteten Toast geben, mit der gut abgeschmeckten Sauce begießen und mit dem Käse bedecken. Dann die Toasts kurz unter dem Salamander oder im heißen Ofen gratinieren.

Sofort servieren.

Pilzterrine mit Kräutersauce

Mosaic de champignons

Zutaten für 10 Personen

800 g frische Pilze (Pfifferlinge, Austern-
pilze, Morcheln, Steinpilze) · etwas Vitamin-C-
Pulver · 5 dl doppelte Kraftbrühe ·
0,2 dl Noilly Prat · 8 Blatt Gelatine (in kaltem
Wasser einlegen) · 1 Prise Muskat · Salz ·
Pfeffer aus der Mühle

Die Pilze sorgfältig putzen und in gleichmäßige Stücke
schneiden. In kaltem Wasser, dem man etwas Vitamin-C-
Pulver beigibt, die Pilze möglichst schnell und gut waschen.
Die Kraftbrühe zum Sieden bringen und die Pilze kurz darin
blanchieren, dann herausnehmen und abtropfen lassen.
Die Pilze in passende Terrinenform legen, der Kraftbrühe
die ausgepreßten Gelatineblätter beigeben, mit Salz, Pfeffer
und Muskat abschmecken und mit dem Noilly Prat verfeinern.
Die Kraftbrühe durch ein feines Tuch passieren und die Terrine damit auffüllen, anschließend kalt stellen.
Wenn die Terrine erkaltet ist, vorsichtig stürzen, nachdem
man die Form kurz in warmes Wasser gestellt hat.
Mit einem heißen Messer sorgfältig in etwa 1 cm dicke
Scheiben schneiden. Kräutersauce als Beilage servieren.

Kräutersauce

Zutaten für 4 Personen

*80 g Joghurt natur · 2,5 dl Sahne · 50 g frische
Kräuter (Schnittlauch, Petersilie, Basilikum,
Kerbel) · etwas Zitronensaft · Salz ·
Pfeffer aus der Mühle*

Die Kräuter sorgfältig zupfen, mit dem Joghurt vermischen
und im Mixer fein pürieren, die Sahne vorsichtig darunter
ziehen, mit Zitronensaft verfeinern und mit Salz und Pfeffer
abschmecken.

Süßspeisen

Eingemachte Früchte

Das Einmachen von Früchten ist nichts Neues. Vor einigen Jahren führten wir es im Hotel Dorchester wieder ein. Wir konservieren die Früchte auf die alte und verläßliche »Hausfrauenart«, was bei vielen unserer Gäste großen Anklang findet. Wir kaufen die Früchte, wenn sie Saison haben, denn dann sind sie natürlich am besten und schmackhaftesten und auch am preisgünstigsten. So haben wir monatelang einen Vorrat an erstklassigem Kompott, das auf vielerlei Weise verwendet werden kann.

Das Kompott wird in dem Gefäß aufbewahrt und serviert, in dem es sterilisiert worden ist, als eine Spezialität des Hauses, die den Gästen eine große Auswahl läßt.

Sahne oder frische Himbeersauce kann zu fast allen Früchten als Beigabe serviert werden.

Hier einige Faustregeln:

- Man nimmt nur frische, erstklassige, reife Früchte.
- Hygiene ist das erste Gebot. Man trägt beim Einmachen Gummi- oder Plastik-Handschuhe. Die Sterilisiergefäße müssen gründlich gewaschen werden; man spült sie dann zuerst mit kochendem Wasser, hernach mit kaltem Wasser aus.
- Auch der Gummiring, mit dem das Einmachglas verschlossen wird, muß gebrüht werden.
- Die Früchte werden sorgsam ins Gefäß gelegt.
- Ebenso sorgfältig ist das Gefäß zu schließen.
- Man sterilisiert in einem Dampfkochtopf oder in Wasser.
- Die Sterilisierzeit muß genau eingehalten werden.

Mit Schokolade und Nüssen gefüllte Pfannkuchen

Crêpes aux noisettes

1 dl Milch · 60 g Mehl · 1 Eigelb · 1 Ei ·
15 g Zucker · 10 g geschmolzene Butter ·
10 g Butter (zum Ausbacken)

Füllung

30 g Makronengebäck, fein gehackt ·
30 g Haselnüsse, fein gehackt · 30 g Walnüsse,
fein gehackt · 4 dl Vanillecreme (siehe
Rezept Seite 206) · 20 g Zucker · 50 g ge-
schmolzene Schokolade · 0,1 dl Nußcognac ·
1 dl Sahne · 2 g Puderzucker

Ei, Eigelb, Zucker und Mehl in eine Schüssel geben und dann nach und nach unter ständigem Rühren die Milch zugeben.
Dann gibt man die geschmolzene Butter bei und streicht den Teig durch ein Sieb.
Die Füllung wird folgendermaßen hergestellt:
Man mischt das zerstampfte Makronengebäck, die Nüsse, Vanillecrème, Zucker, Schokolade und Cognac. Die Sahne wird sorgsam darunter gezogen.
Aus dem Crêpe-Teig werden hauchdünne Pfannkuchen gebacken; mit der Nußmasse füllen und im Ofen zugedeckt erhitzen. Vor dem Servieren mit Puderzucker bestreuen.

Eingemachte Birnen
(Birnenkompott)

Compôte de poires

*2 kg Birnen in bestem Zustand · 1 l Wasser ·
500 g Zucker · etwas Zitronensaft oder
Vitamin-C-Pulver*

Man schält die Birnen sorgfältig, ohne den Stiel zu entfernen. Das Gehäuse wird mit einem Apfelausstecher herausgenommen.
Man blanchiert die Birnen in Zitronenwasser und schichtet sie sehr sorgsam in die Einmachgläser.
Man kocht einen Liter Wasser mit Zucker und etwas Zitronensaft auf und gießt den Sirup über die Birnen, die noch heiß sein müssen. Ein besonderes Aroma und noch mehr Geschmack erreicht man, wenn den Birnen einige frische Pfefferminzblätter beigegeben werden.
Die gutverschlossenen Weckgläser sterilisiert man in einem Dampfkochtopf 8 bis 10 Minuten.

Anmerkung
Ebenso wird mit Pfirsichen, Aprikosen, Kirschen usw. verfahren.

Vanillecreme

Crème patissière vanille

*2,5 dl Milch · ½ Vanilleschote · 3 Eigelb ·
80 g Zucker · 40 g Mehl*

In einer Schüssel rührt man Eigelb, Zucker und Mehl zusammen. Die Milch wird mit der halben Vanilleschote aufgekocht und dann mit dem Teig sorgsam zusammengerührt. Diese Mischung kommt wieder in den Topf, und man läßt

sie langsam aufkochen. Unter fortwährendem Rühren läßt man sie 2 bis 3 Minuten leicht kochen.
Durch ein feines Sieb streichen und bis zur Verwendung warm stellen.

Anmerkung
Wenn die Vanillecreme nicht sofort gebraucht wird, bestreut man sie mit etwas Zucker oder beträufelt sie mit Milch oder Sahne, damit sich keine Haut bildet.

Passionsfrüchte-Soufflé

Soufflé aux fruites de la passion

3 Eigelb · 210 g Zucker · 1 dl Passionsfrucht-saft · 6 Eiweiß · 5 g Butter

Man schlägt die Eigelb, die Hälfte des Zuckers und zwei Drittel Passionsfruchtsaft zusammen.
Eiweiß und der übrige Zucker werden steif geschlagen, und sorgfältig unter die Eigelbmischung gerührt. Die Masse kommt in eine Form, die man vorher mit Butter ausstreicht und mit Zucker bestreut.
7 bis 8 Minuten lang im Wasserbad pochieren.
Danach wird der Auflauf bei 170 bis 185 Grad Hitze 25 bis 30 Minuten gebacken.
Für die Sauce, die dazu gereicht wird, kocht man den restlichen Passionsfruchtsaft mit 20 g Zucker und dem Saft einer halben Zitrone und etwas Wasser auf, bindet mit ein wenig Stärkemehl, passieren und lauwarm auftragen.

Anmerkung
Auch hier gilt die Regel: Der Gast soll auf das Soufflé warten, nicht das Soufflé auf den Gast. Es ist zu empfehlen, zusammen mit der Sauce noch halbgeschlagene Sahne zu servieren.

Gepfefferte Ananas mit Karamel-Sauce

Ananas au poivre Jean et Pierre

Jean und Pierre, die berühmten Brüder Troisgros, sind die Namensgeber dieser Süßspeise. Sie gehören zu den fantasievollsten Köchen der Welt. Das, im Verein mit ihrer Selbstdisziplin und Gastfreundschaft, hat ihnen einen Ehrenplatz in der Entwicklung der französischen Küche eingetragen.

1 Ananas (ungefähr 320 g, netto) ·
etwas frischgemahlener schwarzer Pfeffer ·
40 g Butter · 0,3 dl Kakaolikör (Crème de
Cacao) · 4 Portionen Vanille-Eis
(Rezept Seite 220)

Sauce

100 g Zucker · 0,5 dl Orangensaft und ab-
geriebene Orangenschale · 0,2 dl Zitronensaft ·
0,5 dl Kakao-Likör (Crème de Cacao) ·
25 g braune Butter

Man schält die Ananas, schneidet sie in ungefähr 1 cm dicke Scheiben und entfernt das Mark. Jede Scheibe wird mit etwas frischgemahlenem schwarzen Pfeffer bestreut.
Man erhitzt Butter in der Pfanne, legt die Ananasscheiben hinein und flambiert mit Crème de Cacao. Dann fügt man die Sauce hinzu und erhitzt sie sachte.
Beim Anrichten kommt das Vanille-Eis in die Mitte der Ananasscheibe und wird mit der heißen Sauce übergossen.

Zubereitung der Sauce:
Der Zucker wird geschmolzen und leicht karamelisiert. Zitronen- und Orangensaft hinzufügen. Dann kommt der Kakaolikör dazu, und man läßt einkochen. Die braune But-

Erdbeervacherin ▶
Vacherin glacé aux fraises
Rezept Seite 218

ter hineinrühren. Die abgeriebene Orangenschale wird blanchiert und der Sauce als Garnitur beigefügt.

Gratinierte Pfirsiche mit Curaçao und Kirsch

Gratin de pêches Marjorie

Marjorie Lee betreute viele Jahre lang im Hotel Dorchester die Public Relations. Ihr Wissen war legendär — ein wandelndes »Who ist who?«-Lexikon. Sie hat viel zum Ruhm des Hotels beigetragen.

4 aromatische weiße Pfirsiche · etwas Kirsch ·
etwas Curaçao · 10 g Stärkemehl (Maizena) ·
3 dl Milch · 60 g Zucker · 2 Eigelb ·
1,5 dl Sahne · 60 g Rohzucker

Die Pfirsiche sorgfältig schälen und in dünne Scheiben schneiden. Man arrangiert sie in einer runden Glasschüssel und beträufelt sie mit Kirsch und Curaçao.
Das Stärkemehl (Maizena) wird in ein wenig Milch aufgelöst, die übrige Milch aufgekocht und mit Stärkemehl gebunden.
Dann schlägt man Eigelb und Zucker zusammen und rührt die Mischung in die kochende Milch. Zum Sieden bringen und in eine Schüssel passieren. Mit Zucker bestäuben und abkühlen lassen.
Wenn die Mischung kalt ist, zieht man die Sahne darunter und schmeckt vorsichtig mit Kirsch und Curaçao ab.
Die Pfirsichscheiben werden mit dieser Creme bedeckt. Man bestreut sie mit Rohzucker, den man mit einem heißen Eisen glasiert. Es ist wichtig, daß das Eisen sehr heiß ist, damit sich eine richtige Zuckerglasur bildet.

◄ Sorbetteller
Assiette des sorbets
Rezept Seite 220—223

Himbeeren im Blätterteig

Feuilletés aux framboises

(Abb. Seite 193)

*200 g Blätterteig (Rezept Seite 48) ·
1 Eigelb (zum Bestreichen des Teigs) · etwas
Puderzucker · 0,5 dl Sahne · 50 g Vanillecreme (Rezept Seite 206) · 0,1 dl Himbeergeist ·
200 g geputzte Himbeeren · 2,5 dl Himbeersauce (siehe Rezept Seite 211) · 0,2 dl halbgeschlagene Sahne (zur Dekoration)*

Man gibt 4 Blätterteigpasteten Himbeerform und zeichnet
mit der Messerspitze den Deckel an. Die Pasteten werden
außen mit Eigelb bestrichen und bei guter Hitze (ca. 12 bis
15 Minuten) gebacken.

Die Deckel abheben, Pasteten mit Puderzucker bestäuben
und im Ofen glasieren. Nun die Sahne mit der Vanillecreme
mischen und mit Himbeergeist abschmecken.

Die warmen Pasteten mit der Creme füllen, zuoberst Himbeeren einfüllen und Deckel aufsetzen.

Zum Anrichten Himbeersauce in einen Teller gießen und
mit der halbgeschlagenen Sahne garnieren. Die Pasteten in
die Sauce setzen und sofort auftragen, denn es ist wichtig,
daß die Pasteten warm auf den Tisch kommen.

Himbeersauce

Coulis de framboises

<u>*Zutaten für 2,5 dl Himbeersauce*</u>

*250 g reife Himbeeren · 80 g Puderzucker ·
Saft von 1 Zitrone · etwas Himbeergeist*

Die Himbeeren pürieren.
Dem Püree den Puderzucker und etwas Himbeergeist beifügen, gut umrühren und durch ein feines Sieb passieren.
Damit die Sauce einen frischen Geschmack hat, nur ganz frische und absolut reife Himbeeren verwenden.

Gratinierte Kiwis

Gratin aux Kiwis

*6 Kiwis · 5 g Butter · 4 Eigelb · 0,5 dl Wasser ·
10 g Vanillezucker · 40 g Zucker · 2 dl Sahne
· 0,2 dl Kirsch*

Die sorgfältig geschälten Kiwis werden in Scheiben geschnitten, in eine gefettete Form gelegt und ins Wasserbad gestellt.
Man schlägt Eigelb, Wasser, Vanillezucker und Zucker zusammen, bis sich eine leichte, luftige Masse bildet.
Die Sahne wird steif geschlagen und unter die Mischung gezogen. Man beträufelt die Kiwis mit Kirsch und gießt die Creme darüber. Im Ofen goldgelb überbacken. Da das Dessert innen cremig bleiben soll, darf es nicht zu lange gebakken werden.
Warm servieren und dazu ein Kiwi-Sorbet (Rezept Seite 221) reichen.

Kirschenstrudel

Strudel aux cerises

Zutaten für ungefähr 10 Personen

Strudelteig

150 g Mehl · 0,2 dl geschmolzene Butter ·
0,6 dl lauwarmes Wasser · ½ Ei · 1 Prise Salz

Füllung

30 g geschmolzene Butter (zum Bestreichen
des Teigs) · 50 g Weißbrotbrösel · 20 g Pinien-
kerne · 50 g feingemahlene Haselnüsse ·
1 kg entsteinte Kirschen · 150 g Zimtzucker ·
100 g Sultanien · 30 g Butter · etwas Kirsch

Die obengenannten Bestandteile werden zu einem festen
Teig verarbeitet, den man zugedeckt 1 Stunde lang an einer
warmen Stelle ruhen läßt.

Hierauf treibt man ihn mit dem Wellholz ein wenig aus, legt
ihn auf ein mit Mehl bestäubtes Tuch, treibt ihn wieder ein
wenig aus, faßt mit den Händen unter das Tuch und zieht
ihn nun möglichst dünn aus.

Der Teig wird mit geschmolzener Butter bestrichen und mit
Bröseln, Pinienkernen und gemahlenen Haselnüssen bestreut.

Kirschen, Zimtzucker und Sultaninen werden gemischt und
auf den Teig gelegt. Mit Kirsch beträufeln.

Man rollt den Teig ein, indem man das Tuch an einem Zipfel
faßt und mit dem Teig in die Höhe hebt, legt ihn schnecken-
förmig in eine gebutterte Form oder in ein Blech mit Rand,
bestreicht ihn mit Butter und bäckt ihn bei ungefähr 180°C
25 bis 30 Minuten lang goldbraun, wobei er häufig mit Butter bepinselt wird.

Brotpudding

Bread and butter pudding

2,5 dl Milch · 2,5 dl Sahne · 1 Prise Salz ·
1 Vanilleschote · 3 Eier · 125 g Zucker ·
3 Brötchen · 30 g Butter · 10 g Sultaninen, in
Wasser eingeweicht · 20 g Aprikosen-
marmelade · etwas Puderzucker

Milch, Sahne, Salz und Vanilleschote werden zum Sieden gebracht.

Man rührt Eier und Zucker zusammen, fügt die heiße Milch und die Sahne hinzu und streicht die Mischung durch ein Sieb.

Die Brötchen werden in feine Scheiben geschnitten, mit Butter bestrichen und in eine eingefettete Form gelegt. Darauf kommen die eingeweichten Sultaninen.

Die Creme wird darüber gegossen, mit Butterflöckchen besetzt und alles 35 bis 40 Minuten lang sorgfältig im Wasserbad pochiert.

Mit Aprikosenmarmelade bestreichen und zum Schluß mit Puderzucker bestreuen.

Anmerkung
Zu diesem Brotpudding kann man Sahne oder Kompott reichen.

Terrine mit exotischen Früchten

Terrine de fruits exotic

Zutaten für 10 Personen

12 Gelatineblätter, in kaltem Wasser eingelegt ·
1 dl Curaçao · 5 dl Zuckersirup (3 dl Wasser,
200 g Zucker) · 400 g Orangen, in Filets ge-
schnitten · 150 g Kiwi, in Scheiben geschnitten ·
150 g Litschis, in Stücke geschnitten ·
100 g Feigen, in Viertel geschnitten ·
400 g Papaya, in Scheiben geschnitten ·
500 g Mango, in Scheiben geschnitten ·
150 g Ananasscheiben, in Viertel geschnitten ·
50 g Weiße Trauben, halbiert und entkernt ·
50 g Blaue Trauben, halbiert und entkernt ·
20 g Pfefferminzblätter

Garnitur

20 g blanchierte Orangenschalen, in Streifen
geschnitten · 0,5 dl Grenadine

Den Zuckersirup mit dem Curaçao aufkochen, die gut ausgepreßten Gelatineblätter dazugeben und kühl stellen.
Eine Terrinenform mit den Pfefferminzblättern, die in den
Sirup getaucht wurden, auslegen, den Boden der Terrine
½ cm hoch mit Sirup auffüllen und fest werden lassen.
Die geschnittenen Früchte schichtweise einlegen und mit
dem restlichen Sirup auffüllen.
Kalt stellen, stürzen und vorsichtig mit einem heißen Messer in Scheiben schneiden.
Die Terrinescheiben können mit Himbeersauce übergossen
und serviert werden oder in Grenadine pochierte Orangen-
streifen können als Garnitur verwendet werden.

Anmerkung
Die Früchte können je nach Saison ausgetauscht werden.

Sommerpudding

8—10 Weißbrotscheiben ohne Rinde ·
3 g Gelatinepulver · 1 dl Wasser · 150 g Zucker ·
Saft von 1 Zitrone · 100 g Erdbeeren ·
100 g Himbeeren · 100 g Brombeeren ·
1 dl Himbeersauce (Rezept Seite 211) ·
2 dl Sahne

Man legt die Puddingform auf dem Boden und an den Seiten
mit den Brotscheiben aus.

Das Gelatinepulver in Wasser auflösen, Zucker und Zitronensaft hinzufügen und auf drei Töpfe verteilen.

Die verlesenen und gewaschenen Erdbeeren, Himbeeren
und Brombeeren werden gesondert in den drei Töpfen
schnell zum Kochen gebracht und in der eigenen Flüssigkeit
abgekühlt.

Schichtweise legt man die Früchte mit Brotscheiben abwechselnd in die Puddingform, gießt den Rest der Flüssigkeit in die Mitte und deckt mit Brotscheiben zu.

Mit einem Gewicht beschweren und ungefähr 12 Stunden
lang in den Kühlschrank stellen.

Dann stürzt man den Pudding und übergießt ihn mit Himbeersauce. Die Sahne wird gesondert serviert.

Anmerkung
Die Früchte können der Jahreszeit entsprechend oder je
nachdem, was verfügbar ist, ausgetauscht werden.

Pfannkuchen mit Kiwi

Crêpes sans rival

Pfannkuchen (Rezept Seite 205)

Füllung

*2 dl Vanillecreme (Rezept Seite 206) · 30 g fein-
gemahlene Haselnüsse · 40 g Marzipan ·
0,1 dl Pernod · 4 Kiwis, geschält und in
dünne Scheiben geschnitten*

Garnitur

*1,5 dl Meringel (Meringue) auf italie-
nische Art (Rezept Seite 217) · 20 g feingemahlene Haselnüsse · 2 dl Himbeersauce ·
4 Kiwis, geschält und fein geschnitten*

Man mischt die Vanillecreme mit feingemahlenen Hasel-
nüssen und dem Marzipan und fügt Pernod hinzu.
Mit dieser Masse werden die Pfannkuchen dünn bestrichen.
In die Mitte legt man ein Paar Kiwischeiben.
Die Pfannkuchen nun von zwei Seiten zusammenfalten, mit
Meringuemasse, der Haselnüsse beigegeben wurden, panie-
ren. Die Pfannkuchen werden im vorgewärmten Ofen 4 bis
5 Minuten überbacken.
Man legt dann die Pfannkuchen in die Himbeersauce, gar-
niert sie mit Kiwischeiben und trägt sofort auf.

Anmerkung
Das besondere an diesem Dessert ist, daß die Pfannkuchen
heiß serviert werden müssen, die Füllung hingegen kalt
sein sollte. Statt der Kiwis können je nach Jahreszeit andere
Früchte verwendet werden, zum Beispiel weiße oder gelbe
Pfirsiche.

Feigen mit Himbeersauce

Figues au coulis de framboises

8 blaue Feigen · 400 g Himbeeren · 150 g Puder-
zucker · Saft von 1 Zitrone · ein wenig
Himbeergeist · 1 dl Sahne · 4 Portionen
Vanille-Eis (Rezept Seite 220)

Die sorgfältig geschälten Feigen schneidet man in je sechs
Stücke. Die Hälfte der Himbeeren pürieren, durch ein Haarsieb streichen, mit Puderzucker, Zitronensaft und Himbeergeist mischen.
Diese Sauce gießt man auf eine Platte und arrangiert darauf
die Feigen. Mit geschlagener Sahne und den übrigen Himbeeren garnieren.
Das Vanille-Eis wird separat serviert.

Anmerkung
Dieses Dessert muß möglichst kalt aufgetragen werden.

Meringel auf italienische Art

Meringage à l'italienne

100 g Zucker · 0,5 dl Wasser · 2 Eiweiß ·
20 g Puderzucker

Zucker und Wasser werden in einer schweren Pfanne er-
hitzt und gerührt, bis sich der Zucker aufgelöst hat.
Man kocht den Sirup, bis er 100 bis 115°C erreicht hat.
Inzwischen schlägt man die Eiweiß zu steifem Schnee und
zieht den Puderzucker darunter.
Langsam (in Fäden) wird der gekochte Sirup dem Schnee
beigegeben.
Man schlägt weiter, bis sich die Masse abgekühlt hat.

Erdbeervacherin

Vacherin glacé aux fraises
(Abb. Seite 208)

Zutaten für 10 Personen

*5 Eiweiß, sauber, ohne Spur von Eigelb ·
250 g Zucker · 2 dl Aprikosenkonfitüre, mit
etwas Wasser verdünnt, aufgekocht und passiert ·
5 dl Erdbeersauce · 10 Mandeln, leicht geröstet · 10 halbe Erdbeeren mit Stiel*

Eiweiß mit 50 g Zucker zu Schnee schlagen und dann den restlichen Zucker nach und nach daruntermischen.
Mit einem Dressiersack und passender Tülle nach Wunsch die Masse auf ein Backblech dressieren. Zwischen den einzelnen Portionen muß man genügend Zwischenraum lassen, da sie ein wenig aufgehen.
Mit etwas Zucker bestreuen und im Ofen bei schwacher Hitze (ca. 120—140°C) backen.
Die Aprikosenkonfitüre mit einer kleinen Papiertüte nach Belieben auf einen Teller spritzen und die gut abgeschmeckte Erdbeersauce vorsichtig innerhalb dieser Markierung verteilen.
Die Vacherin, welche mit Erdbeersorbet gefüllt werden, darauf dressieren.
Mit Mandeln und Erdbeeren gefällig garnieren, sofort servieren.

Anmerkung
Es ist wichtig, daß das Geschirr, in welchem die Eiweiß aufgeschlagen werden, absolut sauber ist.
Die Zubereitung von Erdbeersorbet und Erdbeersauce ist die gleiche wie in der Beschreibung von Himbeer-Sorbet und Himbeersauce (Rezept Seiten 223 und 211).

Pfirsiche mit Pistazien-Eis

Pêches à la glace de pistache

*4 mittelgroße, reife Pfirsiche · 1 dl Sherry ·
150 g Zucker · ½ Vanilleschote · Wasser*

Eiscreme

*1,5 dl Milch · 1,5 dl Sahne · 50 g Zucker ·
50 g feingehackte Pistazienkerne · 3 Eigelb*

Sauce

*150 g ganze Hagebutten · 20 g Johannisbeer-
gelee · 20 g Zucker · 0,5 dl Rotwein*

Die Pfirsiche werden blanchiert und geschält.

Aus Sherry, Zucker, Vanilleschote und ein wenig Wasser
stellt man einen Sirup her. Darin pochiert man die Pfirsiche
und läßt sie im Sirup abkühlen.

Für das Pistazien-Eis bringt man die Hälfte der Milch, Sahne, Zucker und Pistazienkerne zum Kochen.

Die andere Hälfte der Milch wird mit den Eigelb zusam-
mengeschlagen und dann in die kochende Flüssigkeit gerührt. Durch ein Sieb streichen, in Formen abfüllen und
einfrieren.

Für die Sauce höhlt man die Hagebutten aus und wäscht die
Schalen gründlich.

Man läßt sie mit Johannisbeergelee, Zucker und Rotwein
20 Minuten kochen.

Die Pfirsiche werden auf dem Pistazien-Eis arrangiert und
mit der Sauce übergossen.

Dazu reicht man frisches süßes Gebäck (Rezept Seiten 224—
227).

Vanille-Eis

Glace à la vanille

4 Eigelb · 150 g Zucker · 2,5 dl Milch ·
2,5 dl Sahne · ½ Vanilleschote, der Länge nach
aufgeschnitten

Eigelb und Zucker werden gut miteinander verrührt. Allmählich fügt man die heiße Milch und die Sahne hinzu. Dann kommt die Flüssigkeit in einen Topf, und man gibt die halbe Vanilleschote bei. Unter ständigem Rühren bringt man sie nicht ganz zum Siedepunkt. Dieser Punkt ist erreicht, wenn man den Spatel herausnimmt, mit dem Finger darüber fährt und feststellt, daß die Mischung getrennt bleibt.
Sofort vom Feuer nehmen und im kalten Wasserbad unter ständigem Rühren abkühlen lassen. Durch ein Haarsieb passieren und einfrieren.

Sorbets (Abb. Seite 209)

Sorbets aus frischen Früchten gehören zu den beliebtesten Süßspeisen. Sie schmecken am besten ohne Beigabe. Sie müssen ganz frisch sein und dürfen nicht aufbewahrt werden, sonst geht das Fruchtaroma verloren. Um sie fruchtiger zu machen, verwendet man das frische Obst der Jahreszeit. Da der Fruchtzuckergehalt je nach Jahreszeit verschieden ist, muß er unter Umständen mit dem Zuckerzusatz in Einklang gebracht werden. Deshalb mißt man die Dichte der Flüssigkeit mit dem sogenannten Baumé-Aräometer (nach dem französischen Chemiker Antoine Baumé) auf den Baumégrad hin. Sie sollte 17° Baumé betragen. Der höchste Süßigkeitsgrad ist 28°, der niedrigste 1° Baumé. 700 g Zucker auf 1 Liter kochendes Wasser ergeben ungefähr 17° Baumé.

Melonen-Sorbet

Sorbet aux melons

*400 g Melone · 100 g Zucker · Saft von
1 Zitrone*

Man halbiert die Melone und entfernt die Kerne mit einem
Löffel, schält die Frucht sorgfältig und schneidet sie in Stük-
ke.
Die Melonenstücke werden püriert.
Dann mischt man die Masse gründlich mit Zucker und Zitronensaft und läßt sie in der Eis-Maschine (Tiefkühler) gefrieren.

Kiwi-Sorbet

Sorbet au kiwi

*800 g Kiwis · 1 dl Wasser · 2 dl Champagner ·
150 g Zucker · 5 g Vanillezucker · Saft von
½ Zitrone · etwas Pernod*

Die reifen Kiwis werden geschält und püriert.
Wasser, Champagner, Zucker und Vanillezucker werden zu-
sammen aufgekocht und dem Kiwipüree beigefügt.
Zudecken und abkühlen lassen, dann Zitronensaft und Per-
nod hineinrühren.
Abfüllen und gefrieren.

Blutorangen-Sorbet

Sorbet à l'orange sanguine

500 g saftige Blutorangen · 10 Stücke Würfel-
zucker · 0,1 dl Zitronensaft · 150 g Zucker

Die Schale der gutgewaschenen Orangen wird mit den Zuk-
kerstücken abgerieben.
Danach kocht man den Zitronensaft mit dem Würfelzucker
auf.
Die halbierten Orangen werden ausgepreßt.
Man mischt den Orangensaft mit dem gezuckerten Zitro-
nensaft und streicht die Flüssigkeit durch ein Haarsieb.
Abfüllen und einfrieren lassen.

Anmerkung
Wenn man die Orangenschale mit Würfelzucker abreibt, erhält man einen stärkeren Orangengeschmack.

Ananas-Sorbet

Sorbet à l'ananas

1 reife Ananas (ca. 500 g) · Saft von 1 Zitrone ·
120 g Zucker

Die Ananas wird geschält.
Man schneidet sie in kleine Stücke (ohne Mark), püriert die
Stückchen und passiert die Masse durch ein Haarsieb.
Zitronensaft und Zucker hinzufügen und gründlich umrüh-
ren.
Abfüllen und gefrieren lassen.

Anmerkung
Je nach Ursprung und Qualität der Ananas muß der Zucker-
gehalt geprüft werden.

Himbeer-Sorbet

Sorbet à la framboise

250 g Himbeeren · 100 g Zucker · Saft von
¹/₂ Zitrone

Die sorgfältig verlesenen Himbeeren werden püriert und
durch ein feines Sieb gestrichen.
Zucker und Zitronensaft hineinrühren.
Abfüllen und gefrieren lassen.

Anmerkung
Die Menge des Zuckerzusatzes richtet sich nach der jahres-
zeitbedingten Süße der Himbeeren.

Mango-Sorbet

Sorbet à la mangue

2,5 dl Mangopüree · 0,5 dl Wasser ·
100 g Zucker · 2 g feingeriebener frischer
Ingwer · Saft von 1 Zitrone

Das pürierte Mangofleisch wird mit Wasser, Zucker und fri-
schem Ingwer aufgekocht. Dann passieren, mit Zitronensaft
abschmecken und abkühlen lassen.
Abfüllen und ins Tiefkühlfach stellen.

Anmerkung
Es ist ratsam, nur ganz frische Mangos zu verwenden.

Preußen

Prussiens

<u>*Zutaten für ca. 15 Prussiens*</u>

150 g Blätterteig (Rezept Seite 48) ·
50 g Zucker · 25 g Puderzucker

Den Tisch zum Ausrollen des Teiges mit Zucker bestreuen.
Eine einfache Tour geben und ruhen lassen.
Den Teig ca. 30 cm auf 20 cm auswellen und von beiden
Längsseiten her gegeneinander rollen, bis in die Mitte.
Von dieser Rolle ca. 6 mm dicke Scheiben schneiden und auf
ein gebuttertes Backblech legen, mit dem Staubzucker be-
streuen und bei mittlerer Hitze im Ofen goldbraun backen.
Die Prussiens mit einer Spachtel umdrehen, wiederum mit
Staubzucker bestreuen und ebenfalls goldbraun backen.

Nußgebäck

Petits fours aux noix

<u>*Zutaten für 50 Stück*</u>

125 g Butter · 75 g Puderzucker · 1 Ei ·
90 g geriebene Haselnüsse · 125 g Mehl · 1 Prise
Zimt · 50 g halbe Walnüsse (zur Garnitur)

Butter, Puderzucker und Zitronenschale werden schaumig
gerührt.
Dann mischt man Ei und Eigelb darunter, als nächstes geriebene Haselnüsse, Mehl und Zimt.
Auf einem leicht eingefetteten Blech dressiert man mit einer Sterndüse Rosetten. Jede mit einer halben Walnuß garnieren.

Bei ungefähr 190°C im Ofen backen, danach abkühlen lassen und wenn sie ganz erkaltet sind, zur Hälfte in Schokoladencouvertüre tauchen.

Butterbiskuits

Petits Beurres

Zutaten für ca. 15 Biskuits

*125 g Mehl · 100 g Butter · 40 g Staubzucker ·
1 Prise Salz · 5 g Vanillezucker*

Mehl zu einem Ring formen und alle Zutaten in die Mitte geben und gut miteinander verarbeiten.
Alles schnell zu einem glatten Teig kneten und kühl stellen.
Dann wird der Teig ca. 3,5 mm dick ausgewellt.
Mit einem runden Ausstecher von ca. 4 cm Ø die einzelnen Biskuits ausstechen und auf ein Backblech legen, mit einer Gabel einstechen.
Im Ofen bei ca. 200°C 12—15 Minuten goldbraun backen.

Mandelbiskuits

Biscuits aux amandes

Zutaten für ca. 25 Biscuits

*250 g Mehl · 200 g Butter · 150 g Puderzucker ·
1 Prise Salz · 100 g Mandelsplitter ·
5 g Vanillezucker*

Mehl zu einem Ring formen, Butter, Zucker, Salz, Vanillezucker in die Mitte geben und alles gut untereinander verarbeiten und zu einem glatten Teig kneten.

Die Mandelsplitter leicht rösten, auskühlen lassen und unter den Teig arbeiten.

Rollen von 4 bis 5 cm Durchmesser formen und kühl stellen, bis die Rollen fest sind. Dann Scheiben von 4 bis 5 mm
abschneiden.

Auf ein Backblech legen und im Ofen bei 200°C goldgelb
backen.

Florentiner

Petits fours Florentine

Zutaten für 50 Stück

*200 g Süßteig (Rezept Seite 47) · 0,5 dl Sahne ·
40 g Butter · 40 g Honig · 110 g Zucker ·
20 g Traubenzucker · 100 g Zitronat und
Orangeat und kandierte Früchte · 60 g Mandel-
stifte · 60 g Mandelblättchen*

Der Süßteig wird ausgewalkt und ca. 5 cm Ø Rondellen ausgestochen. Man sticht mit einer Gabel hinein und bäckt diese Rondellen etwas vor.

In einem Kupferkessel erhitzt man Sahne, Butter, Honig, Zucker und Traubenzucker bis auf 110°C. Dann rührt man Zitronat, Orangeat, kandierte Früchte und Mandeln hinein. Mit dieser Masse wird der vorgebackene Teig bestrichen und alles bei 180°C im Ofen goldbraun gebacken.

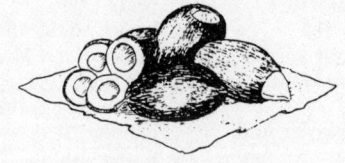

Alphabetisches Register mit Erklärung der technischen Ausdrücke

Register nach Sachgruppen

Vorspeisen

Suppen

HEYNE KOCHBÜCHER

Heyne-Taschenbücher von Meistern der kulinarischen Welt

07/4463 - DM 19,80

07/4317 - DM 12,80

07/4446 - DM 9,80

07/4411 - DM 12,80

07/4413 - DM 19,80

07/4460 - DM 16,80

07/4437 - DM 16,80

07/4277 - DM 16,80

HEYNE KOCHBÜCHER

Die größte
Kochbuch-
Spezial-
sammlung!
Praktisch,
handlich,
preiswert

50 JAHRE HEYNE VERLAG
Das große Heyne Jubiläums Kochbuch

Mit Rezepten von
Paul Bocuse
Jean-Pierre und Paul
Haeberlin
Gaston Lenôtre
Eckart Witzigmann
u. v. a.

50/4 - DM 10,–

ROLAND GÖÖCK
Die deutsche Küche

07/4418 - DM 7,80

MARIA CASATI
PASTA!
KLASSISCHE UND NEUE ITALIENISCHE REZEPTE

DAS EINZIG WAHRE
PASTA-BUCH

07/4434 - DM 9,80

ILSE FROIDL
Internationales BROT-BACKBUCH

Gesundes und Frisches
aus dem eigenen Backofen mit über
200 verschiedenen Brotsorten

07/4410 - DM 7,80

ROTRAUD DEGNER
So kocht Frankreich

07/4422 - DM 12,80

Peter Frisch
Von Matjes bis Rollmops
200 pikante
Heringsrezepte

07/4427 - DM 7,80

Helmut Hochrains

LEXIKON DES DEUTSCHEN WEINS

07/4436 - DM 9,80

Helge Rubinstein
Das Schokoladen KOCHBUCH

Mit 100 Rezepten aus aller Welt und
einer umfassenden Schokoladen-Kunde

07/4439 - DM 8,80